国家出版基金项目
NATIONAL PUBLICATION FOUNDATION

U0655730

汉画总录

63

莒县

GUANGXI NORMAL UNIVERSITY PRESS
广西师范大学出版社
·桂林·

本研究由 2012 年度国家社科基金重大项目"中国汉代图像数据库与《汉画总录》编撰研究"资助

本专项研究得到吴作人国际美术基金会的赞助

HANHUA ZONGLU

项目统筹　汤文辉　李　琳
责任编辑　周丹妮
装帧设计　李若静　陆润彪　刘　凛
责任技编　郭　鹏

图书在版编目（CIP）数据

汉画总录. 63，莒县 / 刘云涛，朱青生主编. —桂林：
广西师范大学出版社，2021.12
　ISBN 978-7-5598-4561-0

　Ⅰ．①汉… Ⅱ．①刘… ②朱… Ⅲ．①画像砖－史料－
研究－中国－汉代②画像砖－史料－研究－莒县－汉代
Ⅳ．①K879.444

　　中国版本图书馆 CIP 数据核字（2021）第 263442 号

广西师范大学出版社出版发行

（广西桂林市五里店路 9 号　邮政编码：541004）
网址：http://www.bbtpress.com
出版人：黄轩庄
全国新华书店经销
广西广大印务有限责任公司印刷
（桂林市临桂区秧塘工业园西城大道北侧广西师范大学出版社集团
有限公司创意产业园内　邮政编码：541199）
开本：787 mm×1 092 mm　1/16
印张：14.25　　字数：150 千字
2021 年 12 月第 1 版　　2021 年 12 月第 1 次印刷
定价：480.00 元

如发现印装质量问题，影响阅读，请与出版社发行部门联系调换。

北京大学汉画研究所
西安美术学院汉画研究所
合编

编辑委员会
委员

陈江风　陈履生　陈松长　方拥　高书林　高文　顾森　韩顺发　韩玉祥　何林夏　何志国
贺西林　胡新立　黄雅峰　蒋英炬　J. Rawson（罗森）　康兰英　L. Ledderose（雷德侯）
李宏　李江　李世勇　李孝聪　刘冠　缪哲　L. Nickel（倪克鲁）　牛天伟　M. Powers（包华石）
M. Nylan（戴梅可）　闪修山　苏肇平　T. Hoellmann（贺东劢）　汤燕　唐长寿　唐中磊
汪悦进　王恺　魏学峰　翁剑青　巫鸿　武利华　信立祥　徐婵菲　徐呈瑞　阎根齐　杨爱国
杨孝军　杨絮飞　游振群　于秋伟　曾繁模　张新宽　赵超　赵殿增　赵化成　郑先兴　郑岩
周其凤　朱存明　朱尽晖　朱青生

本卷主编

刘云涛　朱青生

本卷副主编

徐呈瑞　刘冠　郑亚萌　陈佳星

编务主任

闵坤

本卷编辑

李若静　杨超　王黎梦　吴旦

拓片制作

杨西辉　陈道文

线描

TTLP线描小组（姜彦文　佟耀文　王春田　徐呈瑞　李宝菁）

序

文字记载，图画象形。人性之深奥、文化之丰富俱在文献形相之中；史实之印证、问题之追索无非依靠文字图形。[1] 汉画乃有汉一代形相与图画资料之总称。

汉代之前，有各种物质文化遗迹与形相资料传世。但是同时代文献相对缺乏，虽可精观细察，恢复格局，重组现象，拾取位置、结构和图像信息，然而毕竟在紧要处，但凭推测，难于确证。汉代之后，也有各种物质文化遗迹与形相资料传世，但是汉代之前问题不先行获得解释，后代的讨论前提和基础就愈加含糊。尤其渊源不清，则学难究竟。汉代的文献传世较前代为多，近年汉代出土文献日增，虽不足以巨细问题尽然解决，但是与汉代之前相比，判若文献"可征"与"不可征"之别。所以，汉画作为中国形相资料的特殊阶段，据此观察可印之陈述，格局能佐之学理，现象会证之说明；位置靠史实印证，结构倚疏解诠释。因图像信息与文字信息的双重存在，将使汉画成为建立中国图像志，用形相学的方法透入历史、文化和人性的一个独特门类。此汉画作为中国文化研究关键理由之一。

两汉之世事人情、典章制度可以用文字表达者俱可在经史子集、竹帛简牍中钩沉索隐，而信仰气度、日常生活不能和不被文字记述者，当在形相资料中考察。形者，形体图像；相者，结构现象。事隔两千年形成的古今感受之间的千仞高墙，得汉画其似可以过入。而中国文明的基业，多始于汉代对前代的总结、集成而制定规范；即使所谓表率万世之儒术，亦为汉儒所解释而使之然。诸子学说亦由汉时学人抄传选择，隐显之功过多在汉人。而道德文章、制度文化之有形迹可以直接回溯者，更是在汉代确立圭臬，千秋传承，大同小异，直至中国现代化来临。往日的学术以文字文献为主，自从进入图像传播时代，摄影、电视造就了人类看待事物的新方法，养成了直接面对图像的解读能力。于是反观历史，对于形相资料的重视与日俱增。因此，由于汉代奠定汉族为主体的文明而重视汉代，由于读图观相的时代到来而重视图画，此汉画之为中国文化研究关键理由之二。

---

[1] 对于古史，有所谓四重证据法：传世文献＋出土文献＋出土文物＋依地形、位置和建筑建构遗存复原的文化环境设想。但任何史实，多少都有余绪流传至今，则可通过现今活态遗存，以今证古，这是西方人类学、文化地理学中使用的方法。例如，可从近日的墓葬石工技艺中考溯汉代制作；再如，今日非物质文化遗产中的祭祀庆典仪式，其中可能有此地同族举行同类型活动的延承，正所谓"礼失而求诸野"。所以，对于某些历史对象，可以采用六重证据法：传世文献＋出土文献＋出土文物＋复原的文化环境设想＋现今活态遗存＋试验考古（即用当时的工具、材料、技术、观念重新试验完成一遍古代特定的任务）。对问题的追索无非依靠文字和形相两种性质的材料，故略称"文字图形"。

"汉画"沿用习称。《汉画总录》关注的汉画包括画像石、画像砖、帛画、壁画、器物纹样和重要器物、雕刻、建筑（宗教世俗场所和陵墓）。所以，与《汉画总录》互为表里的国家图像数据库[2]则称之为"汉代形像资料"，是为学术名称。

汉画研究根基在资料整理。图像资料的整理要达到"齐全"方能成为汉画学的基础。所谓齐全，并非奢望汉代遗迹能够完整留存至今，而是将现存遗址残迹，首先确定编号，梳理集中，配上索引，让任何一位学者或观众，有心则可由之而通览汉代的形相资料总体，了解究竟有多少汉代图形存世。能齐观整体概况，则为齐也。如果进一步追索文化、历史和人性的问题，则可利用这个系统，有条理、有次序地进入浩瀚的形相数据，横征纵析，采用计算机详细精密的记录手段和索引技术，获取现有的全部图像材料。与我们陆续提供给学界的"汉代古文献全文数据库"和"中文、西文、日文研究文献数据库"互为参究，就能协助任何课题，在一个整体学科层面上开展，减少重复，杜绝抄袭，推动研究，解决问题。能把握学科动态则为全也。《汉画总录》是与国家图像数据库相辅相成的一个长期文化工程，是依赖全体汉画学者努力方能成就的共同事业。一事功成，全体受益。如果《汉画总录》及其索引系统建成完整、细致、方便的资料系统，则汉画学的推进可望有飞跃发展，对其他学科亦不无帮助。

汉画编目和《汉画总录》的编辑是烦琐而细致的工作。其平常在枯燥艰苦的境况中日以继夜。此事几无利益，少有名声，唯一可以告慰的是我们正用耐心的劳动，抹去时间的风尘，使中国文明之光的一段承载——汉画，进入现代学术的学理系统中，信息充溢，条理清楚，惠及学界。况且汉画虽是古代文化资料，毕竟养成和包蕴汉唐雄风；而将雄风之遗在当今呈现，是对中国文明的贡献，也是为人类不同文明之间更为深刻的互相理解和世界在现代化中的发展提示参照。

人生有一事如此可为，夫复何求？

编　者

2006年7月25日

---

[2]　2005年文化部将中国汉代图像信息综合调查与数据库项目纳入"国家数据库专项"系统。

编辑体例

《汉画总录》包括编号、图片、图片说明、图像数据、文献目录、索引六部分内容。

1. 编号

为了研究和整理的需要，将现有传世汉画材料统一编号。编号工作归属一个国家项目协调（《中国汉代图像信息综合调查与数据库》为国家艺术科学"十五"规划项目）。方法是以省、区编号（如陕西SSX，山西SX）加市、县，或地区编号（如米脂MZ）再加序列号（三位），同一汉画组合中的部件在序列号之后加横杠，再加序列号（两位）。比如米脂党家沟左门柱，标示为SSX-MZ-005-01（说明：陕西—米脂—党家沟画像石墓—左门柱）。编号最终只有技术性排序，即首先根据"地点"的拼音缩写的字母排列顺序，在同一地点的根据工作序列号的顺序排序。

地点是以出土地为第一选择，不在原地但仍然有确切信息断定其出土地的，归到出土地编号，并在图片说明中标示其收藏地和版权所有者。如果只能断定其出土地大区（省、区），则在小区（市、县、地区）部分用"××"表示。比如美国密歇根大学博物馆藏的出自山东某地，标示为SD-××-001。如果完全不能断定其出土地点，则以收藏地点缩写编号。

编号完成之后，索引、通检和引证将大为方便。论及某一个形象或画面，只要标注某编号，不仅简明统一，而且可以在《汉画总录》和与此相表里的国家图像数据库（文化部将中国汉代图像信息综合调查与数据库项目纳入"国家数据库专项"系统）中根据检索方法立即找到其照片、拓片、线图、相关图像和墓葬的全部信息，以及关于这个对象尽可能全面的全部研究成果，甚至将来还可以检索到古文献和出土文献的相关信息，以及同一类型图像或近似图像的公布、保存和研究情况。

2. 图片

记录汉代画像石、画像砖的图片采取拓片、照片和线图相比照的方式处理。[1]传统著录汉画的方式是拓片，拓片的特点是原尺寸拓印。同时，拓片制作时存在对图像的取舍和捶拓手工轻重粗精之别，而成为独立于原石的艺术品。拓片不能完整记录墓葬中画像砖石的相互衔接和位置关系，

---

[1] 由于在《汉画总录》的编辑方针中，将线描用于对图像的解释和补充，线描制作者的观点和认识会有助于读者理解，但也形成了一定的误导和局限，因此在无必要时，将逐步减少线描的数量，而把这个工作留待读者在研究时自行完成。

以及墓葬内的建筑信息，无法记录画像石上的墨线和色彩，对于非平面的、凸凹起伏的浮雕类画像砖石，也不能有效地记录其立体造型。不同拓片制作者以及每次制得的拓片都会有差异。使用拓片一个有意无意的后果是拓片代替原石成为研究的起点，影响了对画像石的感受和认知。拓片便利了研究的同时也限制了研究。只是有些画像砖石原件已失，仅存拓片，或者原石残损严重，记录画像砖石的拓片则为一种必要的方法。

照片对画像砖石的记录可以反映原件的质地和刻划方法、浮雕的凸凹起伏，能够记录砖石上的墨线和色彩，是高质量的图像记录中不可缺失的环节。线图可以着重、清晰地描绘物像的造型和轮廓，同时作为一种阐释的方法，可以展示、考察、记录研究者对图像的辨识和推证。采取线图、照片、拓片相结合的途径记录画像砖石，可相互取长补短，较为完备。

帛画、壁画和器物纹样一般采用照片和线图。

其他立体图像采用照片、三维计算机图形、平面图和各种推测性的复原图及局部线图。组合图与其他图表的使用，在多部组合关系明确的情况下，一般会给出组合图加以标明，用线描图呈现；在多部组合而关系不明确的情况下则或缺存疑。其他测绘图、剖面图、平面图以及相关列表等均根据需要，随著录列出，视为一种图解性质的"说明"。[2]

3. 图片说明

图片说明分为两个部分。其一是关于图片的基本信息，归入"4. 图像数据"中说明；其二是对于图像内容的描述。描述古代图像时，基于古今处在不同的观念体系中的这一个基本前提，采取不同方式判定图像。

3.1 尝试还原到当时的概念中给予解释[3]，在此方向下通常有两种途径。

3.1.1 检索古代文献中与图像对应的记载或描述，作出判定。但现存的问题，一是并非所有图像都能在文献中找到相应的记载或解释，即缺乏完备性；二是这种对应关系是人为赋予的，文献

[2] 根据编辑需要，在材料和技术允许的情况下，会给出部分组合关系图。由于编辑过程受到各种条件的限制，尽其努力也无法解决全卷缺少部分原石图、拓片、线图的情况，或者极个别原石尺寸不齐的情况，目前保持阙如，待今后在补遗卷中争取弥补。

[3] 任何方式中我们都不可能完全脱离今人的认识结构这一立足点，不可能清除解释过程中"我"的存在，难以避免以今人的观念结构去驾驭古代的概念。完全回到当时当地观念中去只是设想。解释策略决定了解释结果。在第一种方式中，我们的目的不是把自己置换到古人的处境中去体验，而是去认识古人所用概念及其间结构关系。

与图像并不存在必然的联系，且不同研究者可能作出不同的判断[4]；三是现存文献只是当时多种版本的一种，民间工匠制作画像石所依据的口述或文字版本未必与经过梳理的传世文献（多为正史、官方记录和知识分子的叙述）相符。

3.1.2 依据出土壁画上的题记、画像砖石上的榜题、器物上的铭文等出土文字材料，对相应图像作出判定，这种方式切近实况，能反映当时当地的用语，但是能找到对应题记的图像只占图像总体的一小部分。

3.2 在缺失文献的情况下，重构一种图像描述的方式——尽量类型化并具有明晰的公认性。如大量出现的独角兽，在尚不确定称其为"兕"还是"獬豸"时，便暂描述为独角兽，尽管现存汉代文献中可能无"独角兽"一词。同时，图像描述采取结构性方式，即先不做局部意义指定，而是在形状—形象—图画—幅面—建筑结构—地下地上关系—墓葬与生宅的关系—存世遗迹和佚失部分（黑箱）之间的关系等关系结构中，判定图像的性质或意义。尽管没有文字信息，图像在画面和墓葬中的位置和形相关系提供了考察其意义和功能的线索。

在实际图片说明中，上述两种方式往往并用。对图像的描述是在意识到这些问题的情况下展开的，部分指谓和用语延承了以往的研究，部分使用了新词，但都不代表对图像含义的最终判定，而只是一种描述。

4. 图像数据

图片的基本信息（诸如编号、尺寸、质地、时代、出土地、收藏单位等）实际上是图像数据库的一个简明提示。收入的汉画相关信息通过数据库的方式著录，其中包括画像石编号、拓片号、原石照片编号、原石尺寸[5]、画面尺寸、画面简述、时代、出土时间、征集时间、出土地[6]、收藏单位、原收藏号、原石状况（现状）、所属墓葬编号[7]、组合关系、著录与文献等项。文字、质地、色彩、制作者、订件人、所在位置、相关器物、鉴定意见、发现人中有可著录者，均在备注项中列

---

[4]　关于此前题材判定和分类的方法和问题，参见盛磊《四川汉代画像题材类型问题研究》，硕士学位论文，北京大学，2002年。

[5]　原石尺寸的单位均为厘米，书中不再标识。

[6]　出土与征集的区分以是否经过科学发掘为界，凡经正式发掘（无论考古报告发表与否）均记为出土，凡非正式发掘（即使有明确出土地点和位置）均记为征集。

[7]　所属墓葬因发掘批次和年代各异，故记为发掘时间加当时墓葬编号，如1981M3表示党家沟1981年发掘的第3号墓葬。

出。画像石墓表包括墓葬所在地、时代、墓葬所处地理环境、封土情况、发现和清理发掘时间、墓向、墓葬形制、随葬器物、棺椁尸骨、画像石装置，发现人、发掘主持人也在备注项中注出。建立数据库的目的和价值在于对数据库中的所有记录进行检索、比较、统计、分析，以期达到研究的完备性和规范性。[8]

5. 文献目录

文献目录列出一个区域（指对汉画集中地区的归纳，如陕北、南阳、徐州、四川等，多根据汉画研究的分区，而非严格的行政区划）有关汉画内容的古文献、研究论著和论文索引，并附内容提要。在每件汉画著录中列专项注出其相关研究文献。

6. 索引

按主题词和关键词建立索引项，待全部工作结束之后，做成总索引。因为《汉画总录》的分卷编辑虽然是按现在保管地区为单位齐头并进，但各种图像材料基本按出土地点各归其所，所以地名部分不出分卷索引，只在总索引中另行编排。

朱青生

北京大学历史学系艺术史教研室

北京大学汉画研究所

2006年7月31日

---

[8] 对于存在大量样本和繁杂信息的研究对象，数据库的应用是有效的。在考古类型学中，传统的制表耗费时力，且不便记忆和阅读，细碎的分类常会割裂有机整体之弊。《汉画总录》的设想是：（1）无论已有公论还是存疑的图像，一律不沿用旧有的命名及在此基础上的分类，而按一致的规范和方法记录；（2）扩大图像信息的范畴，全面记录相关要素，包括出土状况（发掘/清理/收集）、发现人、出土时间、出土地点及其所属古代区划、图像材质、尺寸、所属墓葬形制、画像位置、随葬器物及其位置、画像保存状况、铭文、已有断代、图像资料出处、相关图片、相关研究、收藏地等。图像则记录单位图像的位置及其间的组合情况；（3）利用数据库，按不同线索和层次对图像信息进行查询、检索，根据统计结果作出判断。

目　录

前　言···10

图　录··（以汉画总录编号排列）

SD-JZ-007-01···18

SD-JZ-007-02···20

SD-JZ-008···22

SD-JZ-009（1）···24

SD-JZ-009（2）···32

SD-JZ-010···38

SD-JZ-011···44

SD-JZ-012···50

SD-JZ-013（1）···56

SD-JZ-013（2）···60

SD-JZ-013（3）···62

SD-JZ-013（4）···64

SD-JZ-014（1）···66

SD-JZ-014（2）···68

SD-JZ-015-01（1）··70

SD-JZ-015-01（2）··76

SD-JZ-015-01（3）··82

SD-JZ-015-02（1）··88

SD-JZ-015-02（2）··96

SD-JZ-015-02（3）··98

SD-JZ-015-03（1）··104

SD-JZ-015-03（2）··108

SD—JZ—015—04 (1) ……………………………………………………………………………112

SD—JZ—015—04 (2) ……………………………………………………………………………116

SD—JZ—015—05 (1) ……………………………………………………………………………120

SD—JZ—015—05 (2) ……………………………………………………………………………122

SD—JZ—015—06 (1) ……………………………………………………………………………124

SD—JZ—015—06 (2) ……………………………………………………………………………130

SD—JZ—015—07 (1) ……………………………………………………………………………134

SD—JZ—015—07 (2) ……………………………………………………………………………140

SD—JZ—015—08 ……………………………………………………………………………146

SD—JZ—015—09 (1) ……………………………………………………………………………152

SD—JZ—015—09 (2) ……………………………………………………………………………156

SD—JZ—015—10 (1) ……………………………………………………………………………158

SD—JZ—015—10 (2) ……………………………………………………………………………166

SD—JZ—015—10 (3) ……………………………………………………………………………176

SD—JZ—015—10 (4) ……………………………………………………………………………184

SD—JZ—016—01 (1) ……………………………………………………………………………192

SD—JZ—016—01 (2) ……………………………………………………………………………200

SD—JZ—016—02 (1) ……………………………………………………………………………208

SD—JZ—016—02 (2) ……………………………………………………………………………214

SD—JZ—016—03 (1) ……………………………………………………………………………216

SD—JZ—016—03 (2) ……………………………………………………………………………220

前　言

《汉画总录》莒县卷是对目前收藏在莒县博物馆的画像石的一个完整著录。总录画像石的编号是以现存的区县级政区单位为基础划分，所以莒县卷以JX标示，后面按照所属墓葬进行数字编号。莒县卷所涉及的问题是，莒县的收藏只是当地的出土和发现，不像有些收藏单位包括了出自他地的画像石，可以就某些共同问题与邻近地区展开对比研究，并清楚地分析此地现存画像石和其他地区的特色与区别。

在编辑《汉画总录》过程中，我们能感受到保管单位主管不同的性格和不同的气质，因此我们所做的基础编辑工作也有很大的差异。莒县因为有苏兆庆和刘云涛两位馆长的长期研究工作在先，所以应该说，我们的编辑工作只是在他们已经完成的基础上，再做了一次符合总录要求的更为细致的著录而已。这个细致的著录主要在于两点，其一是对画像石以现有的技术尽可能做到更为精致。技术持续进步，汉画总录工作从20世纪90年代中期以来不断更新，其目的在于通过出版物和数据库让使用者尽可能清晰地看到图像的全部信息。其二就是做到更为周全，尽量把目前所收集的材料，包括不重要的构建边角、次要的图像也一并著录。这两点也是得到了当地研究人员的认同和合作才得以完成。

之所以选择以《汉画总录》作为我们的工作方向，是因为1995年中国已经进入了互联网时代，我们希望把各地的汉代图像清晰完整地著录出来，让所有学者可以很方便地掌握全部的图像资料和研究材料。所以在做各个图像单位著录的同时，我们也探索和尝试进行数据库的编辑和索引的生成。我们借助执掌国际艺术史学会的机会，鼓励和动员全世界的机构与学者逐步地把各自保存的图像数据联系起来，形成全网联络和通用。这个工作实际上遇到的最大问题是版权保护和分享需要之间的矛盾。当然汉代的图像已经是人类的共同财富，使用原作者去世满50年的图像是人类公权，但是具体从事汉画的保存、著录和出版则有法定的知识产权，因此我们现在正逐步引入区块链方式，既保护版权，同时又能够让分享变得广阔，让使用变得更为合理和方便。当然，所有新的理念和项目都需要有一个逐步争取、说服和理解的过程。我们曾经做某一个保管单位的汉画像，前后用了25年，往返无数次，才基本完成了那部分《汉画总录》的编制。

当然，北京大学汉画研究所还尝试建立形相学——即在图像学（对图像意义的解释，即图义学）之外，着重对于图法学（图的构成和逻辑）和图用学（图在各种维度的使用行为及其变化）的图的研究——将图像时代图学基本原理和哲学研究作为方向。

在莒县卷著录过程中，记录的方法与认识的关系的问题再一次显现起来。对于图像的一切研究都是靠观察来进行的。观察，依旧是我们今天决定做《汉画总录》和如何做《汉画总录》关键之所在，但是观察其实存在"看不清"和"认不准"的基本问题。从根本上来说，"看不清"是材料的客观状态问题，"认不准"则是认识特性问题。

所谓材料的客观性是不言而喻的，两千年前的汉代的墓葬材料掩埋于地下，各种自然、物质和人为因素使之凌乱或损坏，遗留到今天已是残迹。比如存在的一个根本问题是，汉画像石原来到底有没有颜色。这个问题在研究所内部一直存有争议。考古学的新发现显示，希腊和西亚地区的早期雕刻当年都是涂有颜色的，而埃及墓内雕刻的涂色问题从来不存在争议。所以我们依然敬佩温克尔曼对于古希腊雕刻"静穆的伟大和高贵的单纯"的品评精彩而高明，但事实上这样的评价是因为希腊雕刻颜色损失之后，后人只看到大理石的白色胚体而主动误取，后来发展成学院派雕塑原则，反而把着色视为外行和异类。对于画像石是否涂色则可两说，直接刻石而不涂色是否一开始在中国就是刻碑传统，我们也无法确证。秦始皇封禅刻石，汉代熹平石经似乎支持"刻石不涂"观点，但无论秦始皇时代还是东汉太学时代，是否当时刻字就绝不涂色，这个事情本身就值得推敲。如果刻石不标颜色，当时就"看不清"，何况标榜后世？始皇刻石本为宣扬，蔡邕正经缘于正字，难道当时就从来不涂色标明，以利观览？而石经刻碑先从书丹开始，既然开始用红颜色在石碑上书写，难道是刻完以后就不能填朱吗？否则"一丈多高"石碑小字如何"观视及摹写"？[1]这些问题都值得我们去思考。是否可能石刻颜色不久消失，最后只剩胚体，于是刻石不涂渐成制度。犹如希腊雕刻彩色褪化为洁白，中国的刻石填涂色彩，演变为深刻、纯粹的线刻与浮雕，所以此事不能以今天留存颜色与否下定论。现在没有并不意味着从来没有。留存至今的所有画像石，少数遗留残存颜色（神木地区出土）或刻石之上着色描画（密县打虎亭），或者如秦始皇兵马俑，出土时本来色彩鲜明，因难于保护几乎完全消失。至于后人拓片记录汉画至少从宋代始，汉代石刻转化为"版画"（汉画），更无关于原本色彩之有无，反而具有"厚重博大"的特殊品位，汉代的画像其实不乏纤细而优美之作，甚至原来色彩丰富。汉画像因各种原因暴露和出土以后，

---

[1]《后汉书·蔡邕列传》云："熹平四年，……奏求正定六经文字。灵帝许之，邕乃自书（丹）于碑，使工镌刻立于太学门外。于是后儒晚学，咸取正焉。及碑始立，其观视及摹写者，车乘日千余两，填塞街陌。"（南朝宋）范晔：《后汉书》，中华书局，2012年，第1990页。

又经历自然风化，而且人为拓印，逐步失去了原有的清晰度，再也无法辨认清楚，"看不清"是一个普遍的状态。

技术问题导致的看不清，是历史遗留下来的普遍问题，我们其实就是做一个更加仔细的辨别工作。但是在此过程中，无法辨别时则不加辨别，这是一个非常严肃精密的态度，就像不可解释的细节不能够到达细节。对有些细节做过多的解释，这当然可以显示出人的智慧和才能，但是对于学术研究来说，这并不是我们的工作方法，所以我们不得不一直对这个问题做进一步的说明。

所谓"认不准"，除了看不清导致的无法辨认之外，其实还有两层认识方面的问题。第一层简单明了：古代的图像，已经失去了认识和解释所依据的原境，而相关文献和传说也已失传。即使这个图像所模仿和再现的实物，可以对应上当时实际存在的形象和现象，甚至哪怕这种形象和现象当今仍旧存在，我们也未必能就此辨认、确定与解释其用途和名称。考古学所遭遇的困难是，质地可以分析，形态可以描述，但是其使用目的和功能则无从确认，从而难以进行解释性的定名和辨识。（此处还未涉及另一层考虑，即实物可能在使用和流传的过程中转换了用途和形态，持有者未必知道制作者原初的用意。）在这个基础上，实物和事物变现为一个图像，对其辨认的复杂度和难度可想而知。辨认出图像中画的这个东西是什么，这是事情的一个方面。整个图像学（图义学）的图像志的基础首先就是辨认和考据出图像中的这个东西是什么，其本体论是确认画出来的图像一定将一个原来实有的"物"（进而扩展到"事物"）作为对象和根据。更何况，图像并不都是实物的再现（如汉代的祥瑞和神祇），再现也未必写实（如汉代的宫室与故事）。所以在《汉画总录》的编辑过程中，在尽己所能对每一块都细致观察和记录的前提下，我们对画面尽可能做"客观描述"，甚至苛刻地把已经被认为是确认的题材和形象，都退回到谨慎形态描述，对于学者的推论和断定，用"一说"来标注，以示尊重。

如果一个图像已经漫漶到看不清的地步，现有的结论和猜测只能在"看不清"的情况下进行，这个时候有两种心理机制——虬轮现象和疑斧现象——就会在其中兴发，导致解释工作出现分歧。在长期的汉画研究过程中，这种情况频频出现，这一次在莒县的工作中，这些问题再一次显露出来。根据疑斧现象，研究者会把自己心中所想象的东西投射到画面上去，然后对其进行解释，把图像中本来没有的意义加诸画面。虬轮现象就是只要看到了某个问题，画面上确实有，就认为可以根据已有的认识，无限地扩大，把局部细节问题变成对所有相关问题的解释，遮蔽其他部分和整体的意义。这些情况本来就是个人在做视觉与图像研究中不可避免的心理活动和精神活动，也是形相学即图像研究中必然出现的一个哲学选题，那么我们应该以什么样的态度来对待？北京大学汉画研究所在编辑《汉画总录》时，总是把这个问题悬置在更加基本的底层层次上。所谓基本的底层层次，就是当我们发现这个问题无从解释时，我们克制对之不加解释。

第二层就涉及形相学中普遍存在的一个认识论问题，即对图像到底是辨认还是附会／解释的问题。这里其实涉及根本的本体方法论。一种本体论认为，所有的图像都是一个事物的再现和模仿，或者当时社会生活的反映，图画是事实的显现。在影响中国学界很深的西方20世纪现象学理论中，图画比纯粹的物、比实用的产品（人制造的物），更具有开向存在的直观性和去除遮蔽呈现真理的价值。按照另一种本体论，可以认为"天下万物生于有，有生于无"（老子 第四十章），所有的图像都是"无有存在"的一种变现，是人的我—我问题、我—他问题、我—它问题和我—祂问题，借欲望和希望的形式化体现，体现可以借助自然和实物，可以借助想象、创作的编造和虚拟。

当我们遭遇作为一种建造、编造和创造的图像时，有可能并没有一个（事）物作为根据，而是体现人们的想象、欲望和希冀，那么对这种图像进行确认的汉画研究，是在找人的想象，是对人的问题的变现，并不是一个（事）物的再现。人的问题的变现是人的我—我问题、我—他问题、我—它问题和我—祂问题，借欲望和希望的形式化体现的全体。全体不是总和，总和的各局部之间"没有"有机的结构关系；全体也不是整体，整体是在每个局部之间"具有"有机的结构关系，全体中每个局部是互相依存的，而不具有独立的可分割局部。一个问题即所有问题。

在2019年出版的《莒县汉画像石》研究专著中，刘云涛馆长的综述研究以及杨爱国、刘兴林两位专家的序论已经相当完善地揭示了莒县画像石各个方面的情况[2]，现简要介绍如下：

莒县位于山东省东南部，属日照市下辖。莒县有大量可以追溯至新石器时代的文化遗存，进入历史时期更是在文献中留下了大量的活动记载。到西汉初年，莒地属城阳郡，为齐王刘肥所封的齐国七郡之一。东汉时期，莒隶属徐州刺史部，建武十三年，并入琅琊。该地在农业和手工业方面都较为发达，同时作为汉琅琊国的国郡，也聚集了大批的皇亲国戚，这些都为当地画像石墓的产生提供了基本的政治和经济条件。

---

[2] 刘云涛：《莒县汉画像石综述》，载氏著《莒县汉画像石》，济南：齐鲁书社，2019年，第1-32页。

莒县地区的画像石墓主要出土于东莞、碁山、招贤、城阳、夏庄等镇周边，主要的画像石墓包括东莞镇大沈刘庄汉画像石墓、东莞镇东莞村汉画像石墓、碁山镇西杨家庄汉画像石墓、招贤镇大铺村汉画像石墓、城阳镇大湖村汉画像石墓、城阳镇塘子村汉画像石墓、城阳镇城子后村汉画像石墓、城阳镇慕家庄子汉画像石墓、城阳镇南关街汉画像石墓、城阳镇莒故城汉画像石墓、浮来山镇马顾屯汉画像石墓、中楼镇五楼山前汉画像石墓、夏庄镇赵家孟堰汉画像石墓和夏庄镇后上庄汉画像石墓。这些墓葬出土的画像石皆收藏在莒州博物馆内。除大部分已经收录入《莒县汉画像石》的之外，本书还收录了2020年莒县新出土的两座画像石墓，其中一座带有和平二年的题记[3]，此次也是对这批材料的首次全面公布。

莒县画像石总体的数量有一百余块，莒县卷全部做了收录。从石刻的雕刻风格来看，莒县地区的画像石体现了从西汉末到东汉末各个时期的发展，雕刻的技法也涵盖了阴线刻、凹面线刻、浅浮雕和高浮雕。从遗存情况来看，莒县地区的画像石也包含了完整墓室、画像石的再葬利用等。虽然整体的数量并不算多，但是其中东莞地区的沈刘庄和带有榜题的双阙，都为研究提供了非常重要的图像材料和难得的研究视角。

画像石研究中的方法和理论问题

在莒县卷的工作中，有两个关于图与词的问题显现出来，引发了我们的继续研究和探讨。图与词的问题涉及两个方面，在图像时代，我们特别注重的是图和词的关联性，以及是怎样的一种关联性。关联性当然有很多层次，莒县的材料引发对一种关联性意义确定和"不确定"（自由解释和接受）差异的明显证据，是词与语图的作用的不同，也是各自解释自由的区别问题。这个问题也连带出"图用学"的一些原则，或者说图义学（统称iconology/iconography图像学/图像志）中对图像解释的一些方法论问题。

1. 图像与语词在符号学意义上，其解释能力的差异问题。即破坏文献强于破坏偶像，因为对图像解释的自由区域大于语词，而不确定性也随之增加。

2. 榜题和图式问题的交互性问题，语词与图像的关系不仅限于叙事。

---

[3] 刘云涛：《山东莒县和平二年画像石题记》，《中国书法》2021年第3期，第209页。

对于图像与语词解释能力的差异问题，在莒县卷编辑过程中发现的一个情况引发了我们的再度注意：东莞镇东莞村1993年发现的汉代墓葬的石刻被二次使用时，对待被使用"石料"的图像和文字采用了不同的处理方式。这是一个长方形土圹竖穴砖石合建墓，方向朝南偏东15度，整个墓葬清理时破坏严重，没有可以确定墓葬的年代随葬品，墓葬在使用现成的汉代墓葬石料时，对已有图像和文字全部用白粉涂抹，进行废除。在用作前室南壁门楣的石材上，编号SD-JZ-001-01(1)清洗后刻有汉代题刻留下年代"光和元年"（公元178），说明整个墓葬在使用时画像石只作石料而已，但是在处理旧物时，即使已经进行表层破坏，底下的图像可以留存，而文字则须凿除。

这个情况在淮北市二次使用画像石的例证中再次出现。在相山公园内有一个戏台，据当地文献记载为清代所建，建筑石料使用画像石，刻字铭文全部凿去，而图像部分则完全予以保留，在公共场合沿用旧物时，对待文字和图像大致也是同样的处理方式。这个情况使我们得出一个推论，在古代，人们有意无意透露出图像的意义可以随着解释者，从而在图像被重新使用的时候并不需要加以破坏，只有在图像被明确指认的时候，特别是有语言（铭文题刻）确有所指时才诉诸破坏，这就为我们后来对于偶像破坏运动的方法限度和可能揭示出一条理解方法和理解层次。

榜题和图式问题的交互性问题。正是由于莒县画像石（编号：SD-JZ-001-03(1)，一称为"阙"）上七女为父报仇画像中有"七女"二字榜题，揭示出一个文献中失载的历史人物故事，引起了学界的关注，先有王思礼专文考证故事内容，后有邢义田集中考证并推证各地的同类发现，借此图像研究了汉代画像的格套、榜题、文献。而这座墓葬发现的另一块画像石（编号：SD-JZ-001-01(1)）上的尧舜画像则在表现一个故事。是一次拜谒？是舜向尧汇报或请示什么事情？还是两个帝王之间禅让的故事？由于与传世文献文字叙事不尽符合，我们已无从考证语词与图像之间的关系。然而，毫无疑问的是，这座墓葬中画像石上的尧舜故事画像与武梁祠的明显不同，武梁祠西壁上的尧舜画像是独立的人物形象，没有故事情节。如果从更广大的空间考察，我们可以看到，尧舜形象可能是汉代画像中分布较为广泛的图像。邢义田"格套理论"进一步引申陈葆真汉代叙事画（narrative paintings）在时空上的不同表现[4]，运用心理上具有时间差几幅画像来表示同

---

[4] 转引自邢义田《格套、榜题、文献与画像解释》，载氏著《画为心声：画像石、画像砖与壁画》，北京：中华书局，2011年，第92-137页。

一事件，提出了"格套并不是一套单一、固定不变的形式框架，而是最少包含概念、空间和时间向度，既具规范作用，又允许相当程度形式甚至内容变化的制作习惯或依据"的方法[5]推进了图像研究的方法论发展。在此基础上，汉画研究所徐志君进一步从图像的图法学上提出了半程式的概念[6]。在编辑中我们利用可以与保管部门专家合作的机会仔细观察每一个细节，再加上我们的技术合作方已经可以用全新的算法扫描和分析图像局部，对模糊图像尽可能分辨，从而进一步认识到汉画的图像和榜题的关系"错乱"似乎还有更复杂的意义。我们本以为这种"错乱"都是工匠无知识，或者民间另有所本，但现在看来还有可能图像与榜题本来就不从属于同一叙事，甚至有其他的"图性"和图用学意义进入了图像。在SD-JZ-001-03(1)一石上，"隶胡"二字刻在图像靠右的楼阁柱身，显然与图中形象不能互指，如果指对战或被俘宰杀的胡人，那么，为何却刻在进攻胜利的一方，而端坐楼内堂上戴进贤冠的主人，在整幅幅面中尺度最大，以及执仗对谈（禀告）的官吏（可能是女性），可能是老人所执的鸠仗，皆无标指。是否应该释"隶胡"之"追击、逮捕"[7]胡人为整幅幅面（有一个以上的图画构成）的标题？在第四层主人出现两次，一次坐在四维轺车之中，受到车后一手持刀（不清）与钩镶（清晰）者攻击。一次出现在坠落桥下，其衣袖上扬表示由上往下的跌落过程，他受到左右两个立于船上者的攻击，其中一人持钩镶，一人持刀。因画面右上榜题刻"七女"二字，所以可以被明确解释。而"七女"榜题之下和对面相应的位置，各有相向缓步骑马而行者，带进贤冠，显然与画面的主题活动无关，但又各自被执盾持刀者进击。这两组形象似乎用的是我们在著录陕北画像时所注意到的方法——使用同一个粉本，左右颠倒镜像安排。而在桥下河中除了两位站在船头的攻击者之外，还有两个捕鱼人，似乎也与主题活动无关，此外还有一个啄鱼之鹢，四条鱼。在沂南卷导言中，我们在讨论门区正面的门楣图像时，就发现在同一个幅面中间可以套入若干种形象和图画（形象之间发生逻辑关系）等不同的图像因素，而这些图像因素之间的作用和意义有时并不相关，因为各自在"图性"上不同，只是在构图上发

---

[5] 同上，第113页。

[6] 徐志君：《半符号化：以汉画像石门扉图像为例的图式探讨》，《形象史学》2018年第1期，第22-33页。

[7] 对于"隶"字，《说文解字》云："及也。（此与辵部逮音义皆同。逮行而隶废矣。）从又，尾省。又持尾者从后及之也。（徒耐切。古音在十五部。）凡隶之属皆从隶。"（东汉）许慎撰，（清）段玉裁注《说文解字注》，上海：上海古籍出版社，1981年，第118页。

生关联[8]。这次著录我们接受对于七女的解释，但是在七女主题之外，应如何进一步分析、解释这幅图中的其他图像因素，对为什么会出现其他形象和如何出现其他形象，根据什么样的规律才会出现这样的情况，在此情况中榜题又在起什么样的作用，对于这些问题我们将继续探求。在淮安卷导言中，我们提出图像（图画）上这样的穿插其实并不是一种无意和误解，而是把意义在呈现和展示的过程中间省略了各自自身的图像逻辑过渡，作为图义学的一种规律：一种跳跃性的转折和合并。这样的图揭示，图像本身从"形象"到"图画"中间是分隔的，而且是可以随意制作、排列的，可以省略形象互相之间的连接关系，之间有可能会出现跳转、颠倒、缺位和"混乱"的情况。在这次莒县卷著录中，通过仔细地对照榜题和图画之间的交错关系，我们进一步做出这样的理论推测，即榜题上的内容其实与叙事无关，只是一种标题文字与指代性的图画之间"跳跃性的转折和合并"，整体上构成的不是叙事图画，而是类似纹章、徽号、招贴和宣传广告画宣扬"意义"的方式。

朱青生

2021年12月

---

[8] "任何图像，由于其性质的不同，在使用中就有不同的作用和功能。图像的作用和功能并不完全是指图像作为一个物质存在的实际作用和功能，也不完全是图像所描述的事物本身的作用和功能，而是指这个图像本身作为一个图像意义的作用和功能，是形相学中图用学上的作用和功能。一般会认为，每一种图像使用的作用与功能一定与图像本身的性质一致。但是通过这次沂南北寨汉墓的调查和研究，发现这个一致性不成立。"引自朱青生《"图性"问题三条半理论——〈汉画总录〉沂南卷的编辑札记》，载巫鸿、朱青生、郑岩主编《古代墓葬美术研究》（第五辑），长沙：湖南美术出版社，2022年，第223–244页。

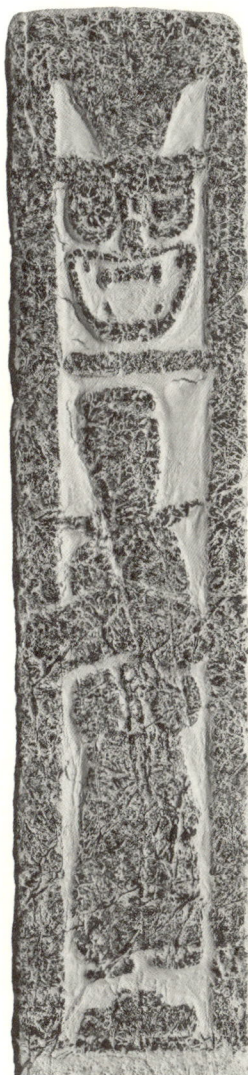

编号	SD-JZ-007-01
时代	东汉
出土/征集地	莒县城阳镇城子后村
出土/征集时间	1990 年出土
原石尺寸	128×30×35
质地	石灰石
原石情况	原石呈长方形，基本完整，右侧有建筑结构。
组合关系	门柱
画面简述	此图为浅浮雕。画面分上、下两格。上格为铺首衔环（？）。下格一人（门吏），着长袍捧盾，正面而立。画面四周有框。
著录与文献	苏兆庆、夏兆礼、刘云涛编著：《莒县文物志》，济南：齐鲁书社，1993 年，第135页；刘云涛编著：《莒县汉画像石》，济南：齐鲁书社，2020年，第194-195页，图版七十五。
收藏单位	莒州博物馆

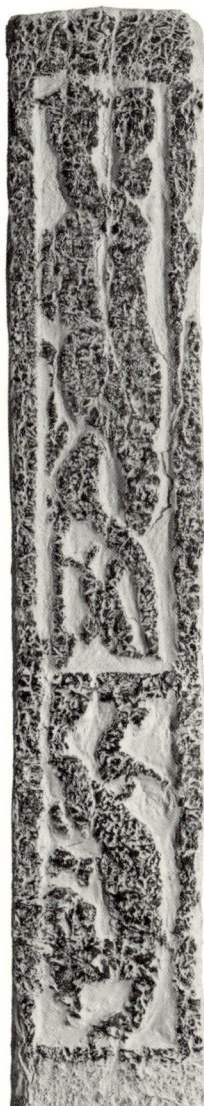

编号	SD-JZ-007-02
时代	东汉
出土/征集地	莒县城阳镇城子后村
出土/征集时间	1990年出土
原石尺寸	128×27×30
质地	石灰石
原石情况	原石呈长方形，基本完整，左侧有建筑结构。
组合关系	门柱
画面简述	此图为浅浮雕。画面分上、下两格。上格为二半人半龙神（一说为伏羲、女娲），尾部交缠。下格一兽（？），画面漫漶，具体形象不可辨。画面四周有框。
著录与文献	苏兆庆、夏兆礼、刘云涛编著：《莒县文物志》，济南：齐鲁书社，1993年，第135页；刘云涛编著：《莒县汉画像石》，济南：齐鲁书社，2020年，第196-197页，图版七十六。
收藏单位	莒州博物馆

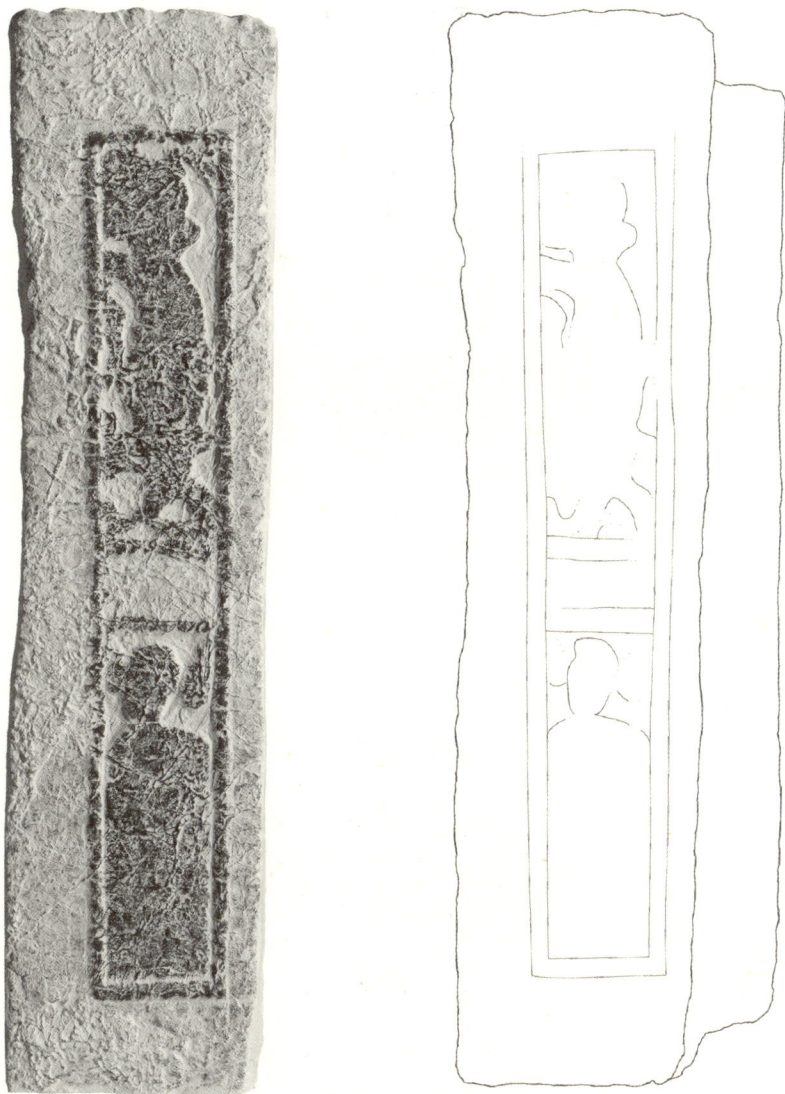

编号	SD-JZ-008
时代	东汉
出土/征集地	莒县城阳镇慕家庄子村北
出土/征集时间	1960年出土
原石尺寸	112×35×35
质地	石灰石
原石情况	原石呈长方形，基本完整，右侧有建筑结构。
组合关系	
画面简述	此图为浅浮雕。画面分上、下两格。上格漫漶，似为一人。下格一人（门吏）。画面四周有框。
著录与文献	苏兆庆、夏兆礼、刘云涛编著：《莒县文物志》，济南：齐鲁书社，1993年，第134页；刘云涛编著：《莒县汉画像石》，济南：齐鲁书社，2020年，第200-201页，图版七十七。
收藏单位	莒州博物馆

编号	SD-JZ-009（1）
时代	东汉
出土/征集地	莒县城阳镇南关街南关桥附近
出土/征集时间	1988年10月入馆
原石尺寸	108×30×36
质地	石灰石
原石情况	原石呈长方形，基本完整。
组合关系	
画面简述	此图为浅浮雕。画面上方一兽，肩生羽翼，昂首张口，其右一鸟自框间探入（？）；其下一羽人，躬身，一手持植物（仙草），一手抚下方兽头部，其下之兽亦肩生羽翼，昂首而立，长尾卷扬。画面四周有框。
著录与文献	刘云涛编著：《莒县汉画像石》，济南：齐鲁书社，2020年，第204-205页，图版七十八。
收藏单位	莒州博物馆

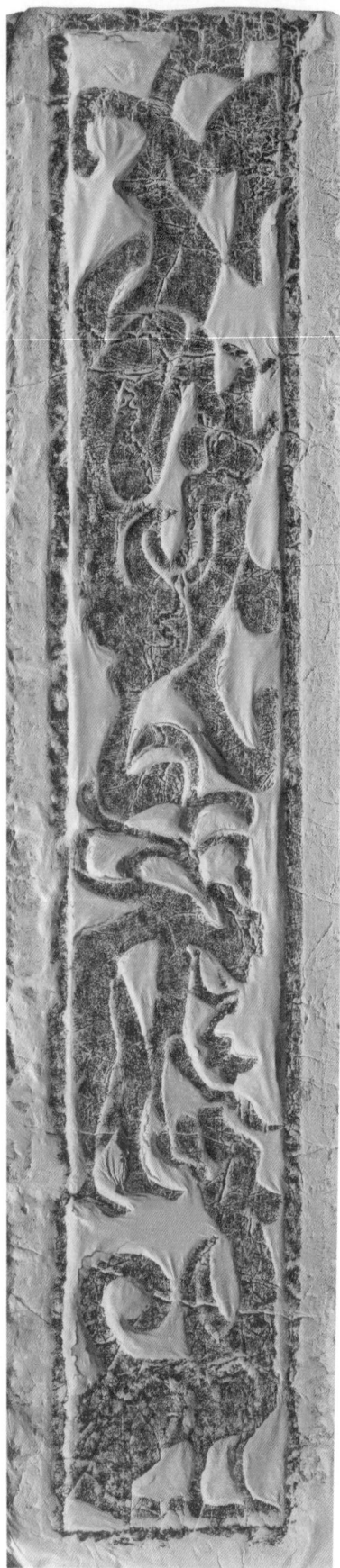

SD-JZ-009 (1)拓片

SD-JZ-009 (1)线描

SD-JZ-009 (1) 局部（与原石等大）

SD-JZ-009 (1) 局部（与原石等大）

SD-JZ-009 (1) 局部（与原石等大）

编号	SD-JZ-009 (2)
时代	东汉
出土/征集地	莒县城阳镇南关街南关桥附近
出土/征集时间	1988年10月入馆
原石尺寸	108×30×36
质地	石灰石
原石情况	原石呈长方形，基本完整，左侧有建筑结构。
组合关系	
画面简述	此图为浅浮雕。画面分上、中、下三格。上格一人，戴武弁持剑（？），面左而立。中格一人（门吏），着长袍执彗，面左而立。下格一兽，肩生羽翼（？），身形卷曲。画面四周有框。
著录与文献	刘云涛编著：《莒县汉画像石》，济南：齐鲁书社，2020年，第204-205页，图版七十八。
收藏单位	莒州博物馆

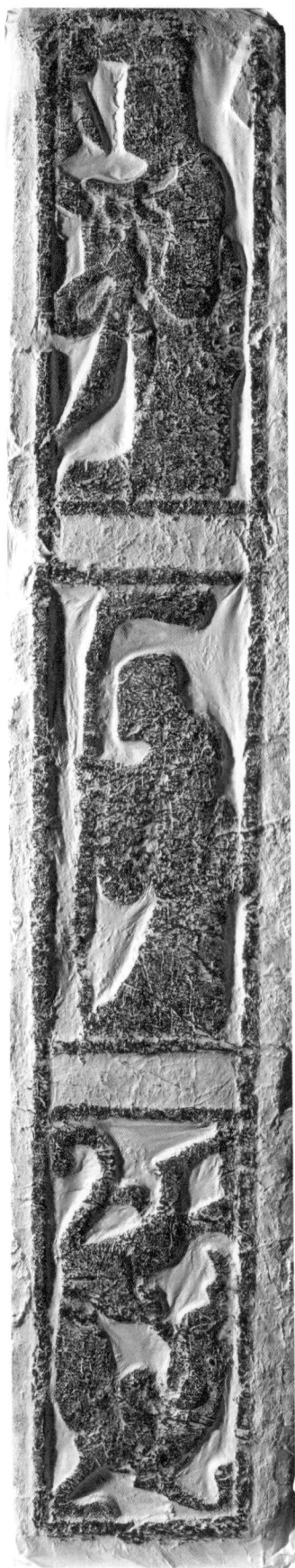

SD-JZ-009 (2)拓片　　　　　　　　　　　SD-JZ-009 (2)线描

SD-JZ-009 (2) 原石局部

SD-JZ-009 (2)原石局部

编号	SD-JZ-010
时代	东汉
出土/征集地	莒县城阳镇莒故城东马庄村东
出土/征集时间	1970年发现
原石尺寸	52×97×33
质地	石灰石
原石情况	原石呈长方形，右侧残损。
组合关系	
画面简述	此图为浅浮雕。画面表现车马出行题材。画面左端一人，面右躬身，呈迎迓状；其右一导骑，左向而行；再右为一马，可见缰绳，后半部画面残损，似拉一车（？）。画面上、下、左三边可见框，其中上边为三层框，内框间填刻连弧纹，外框间填刻云气纹，左边为双层框。
著录与文献	刘云涛编著：《莒县汉画像石》，济南：齐鲁书社，2020年，第208-209页，图版七十九。
收藏单位	莒州博物馆

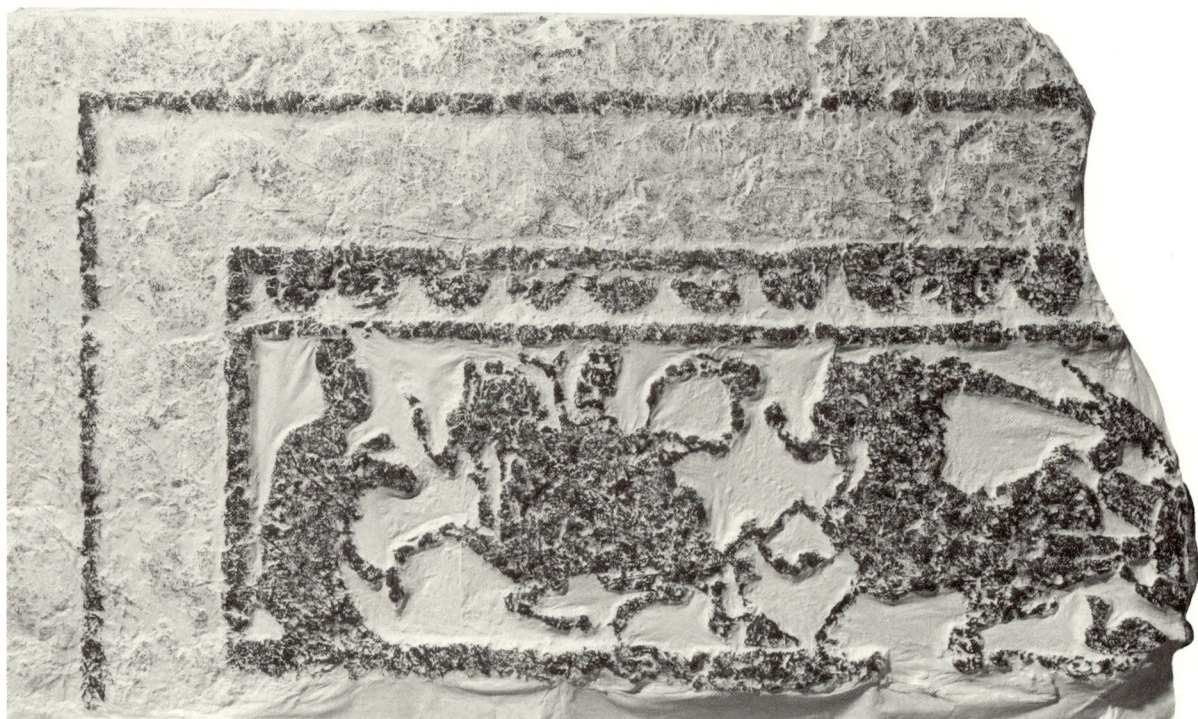

SD-JZ-010 拓片

SD-JZ-010 线描

SD-JZ-010原石局部

SD-JZ-010原石局部

编号	SD-JZ-011
时代	东汉
出土/征集地	莒县浮来山镇马顾屯
出土/征集时间	1949年以前
原石尺寸	107×154×21
质地	石灰石
原石情况	原石呈长方形，左侧残损。
组合关系	此图为浅浮雕，原称"拜谒图"。画面左侧一人，戴冠着袍，右向躬身，呈拜谒状；其右一人，
画面简述	亦戴冠着袍，俯身跪拜；右侧一人，戴冠，面左踞坐。画面上、下、右三边可见三层框，内框间填刻连弧纹，外框间填刻菱形纹。
著录与文献	刘云涛编著：《莒县汉画像石》，济南：齐鲁书社；2020年，第212-213页，图版八十。
收藏单位	莒州博物馆

SD-JZ-011 拓片

SD-JZ-011 线描

编号	SD-JZ-012
时代	东汉
出土/征集地	日照市岚山区中楼镇五楼山前
出土/征集时间	1970 年出土
原石尺寸	102×50×6
质地	石灰石
原石情况	原石呈长方形，断为上下两块，上边残损。
组合关系	
画面简述	此图为浅浮雕。画面为二鱼左行。
著录与文献	苏兆庆、夏兆礼、刘云涛编著：《莒县文物志》，济南：齐鲁书社，1993 年，第 137 页；刘云涛编著：《莒县汉画像石》，济南：齐鲁书社，2020 年，第 216-217 页，图版八十一。
收藏单位	莒州博物馆

SD-JZ-012原石局部

SD-JZ-012原石局部

编号	SD-JZ-013 (1)
时代	东汉
出土/征集地	莒县夏庄镇赵家孟堰村东
出土/征集时间	1964 年出土
原石尺寸	103×28×22
质地	石灰石
原石情况	原石呈长方形，基本完整。
组合关系	
画面简述	此图为浅浮雕。画面主体为一人，着长袍，持一长条状物（笏?），面左躬身而立。画面四周有框，下框外刻十字斜线纹。
著录与文献	苏兆庆、夏兆礼、刘云涛编著：《莒县文物志》，济南：齐鲁书社，1993 年，第135-136页；刘云涛编著：《莒县汉画像石》，济南：齐鲁书社，2020 年，第220-221页，图版八十二。
收藏单位	莒州博物馆

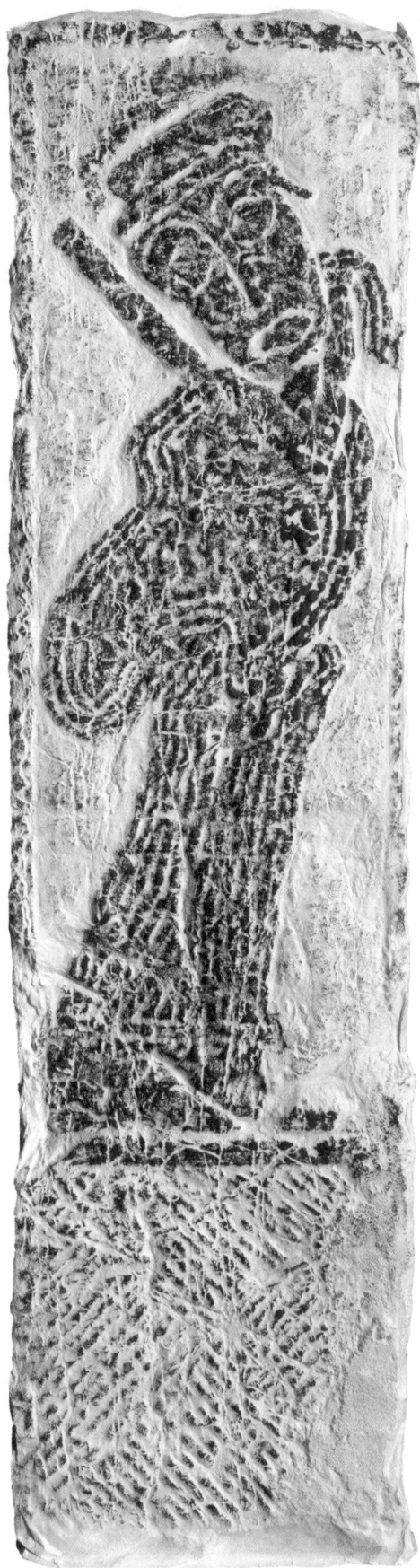

SD-JZ-013 (1)拓片　　　　　　　　SD-JZ-013 (1)线描

SD-JZ-013 (1) 局部

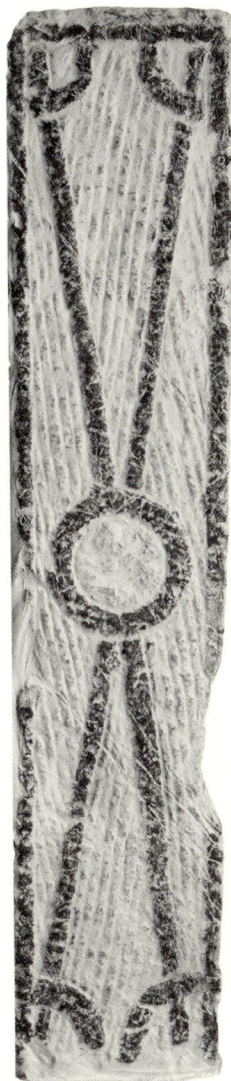

编号	SD-JZ-013 (2)
时代	东汉
出土/征集地	莒县夏庄镇赵家孟堰村东
出土/征集时间	1964 年出土
原石尺寸	103×22×28
质地	石灰石
原石情况	原石呈长方形，基本完整。
组合关系	
画面简述	此图为浅浮雕。画面刻一十字穿环纹。四周有框。
著录与文献	苏兆庆、夏兆礼、刘云涛编著：《莒县文物志》，济南：齐鲁书社，1993 年，第135-136页；刘云涛编著：《莒县汉画像石》，济南：齐鲁书社，2020 年，第220-221页，图版八十二。
收藏单位	莒州博物馆

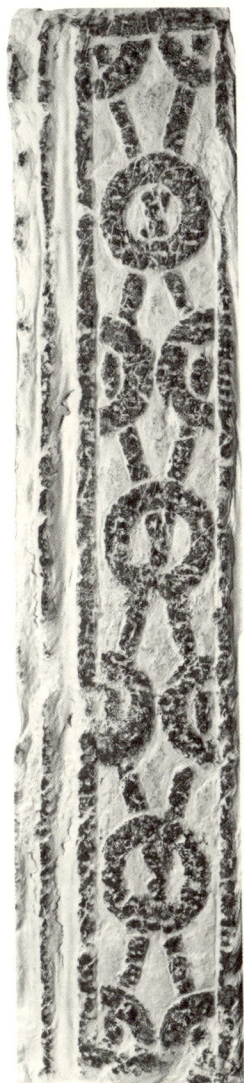

编号	SD-JZ-013 (3)
时代	东汉
出土/征集地	莒县夏庄镇赵家孟堰村东
出土/征集时间	1964年出土
原石尺寸	103 × 22 × 28
质地	石灰石
原石情况	原石呈长方形，基本完整。
组合关系	
画面简述	此图为浅浮雕。画面填刻十字穿环纹。四周有框。
著录与文献	苏兆庆、夏兆礼、刘云涛编著：《莒县文物志》，济南：齐鲁书社，1993年，第135-136页；刘云涛编著：《莒县汉画像石》，济南：齐鲁书社，2020年，第220-221页，图版八十二。
收藏单位	莒州博物馆

编号	SD-JZ-013 (4)
时代	东汉
出土/征集地	莒县夏庄镇赵家孟堰村东
出土/征集时间	1964 年出土
原石尺寸	103×28×22
质地	石灰石
原石情况	原石呈长方形，两边凸起，中间有一凹槽。
组合关系	
画面简述	画面左侧有建筑结构。
著录与文献	
收藏单位	莒州博物馆

编号	SD-JZ-014（1）
时代	东汉
出土/征集地	莒县夏庄镇后上庄村
出土/征集时间	1958年出土
原石尺寸	108×58×28
质地	石灰石
原石情况	原石呈长方形，基本完整。
组合关系	
画面简述	此图为浅浮雕。画面分上、中、下三格。上格左上方漫漶，似为一兽；其右一兽，身体蜷起；再右二兽，交缠相戏；其下一兽，张口吐舌，长尾上扬，肩生羽翼，右向回首。中格填刻双层菱形纹。下格左上方一兽，长尾上扬，右向回首；其右一兽，身形卷曲；下方二兽（？），其中一兽似咬上方一兽尾。画面四周有框。
著录与文献	苏兆庆、夏兆礼、刘云涛编著：《莒县文物志》，济南：齐鲁书社，1993年，第135页；刘云涛编著：《莒县汉画像石》，济南：齐鲁书社，2020年，第224-225页，图版八十三。
收藏单位	莒州博物馆

编号	SD-JZ-014 (2)
时代	东汉
出土/征集地	莒县夏庄镇后上庄村
出土/征集时间	1958 年出土
原石尺寸	108×28×58
质地	石灰石
原石情况	原石呈长方形，基本完整。
组合关系	
画面简述	此图为浅浮雕。画面漫漶，形象不可辨。画面四周有框。
著录与文献	
收藏单位	莒州博物馆
备注	原石图像漫漶不清，故未做拓片。

编号	SD-JZ-015-01 (1)
时代	东汉
出土/征集地	莒县小店镇窝疃村 M1
出土/征集时间	2020 年清理
原石尺寸	34 × 120 × 41
质地	石灰石
原石情况	原石呈长方形，基本完整，右侧有建筑结构。
组合关系	
画面简述	此图为浅浮雕。画面左侧一人，右向回首，其右一龙，张口露齿，长尾卷扬，左侧之人一手触龙前爪；画面右侧一兽，引颈，向下奔走。画面四周有框。
著录与文献	
收藏单位	莒州博物馆

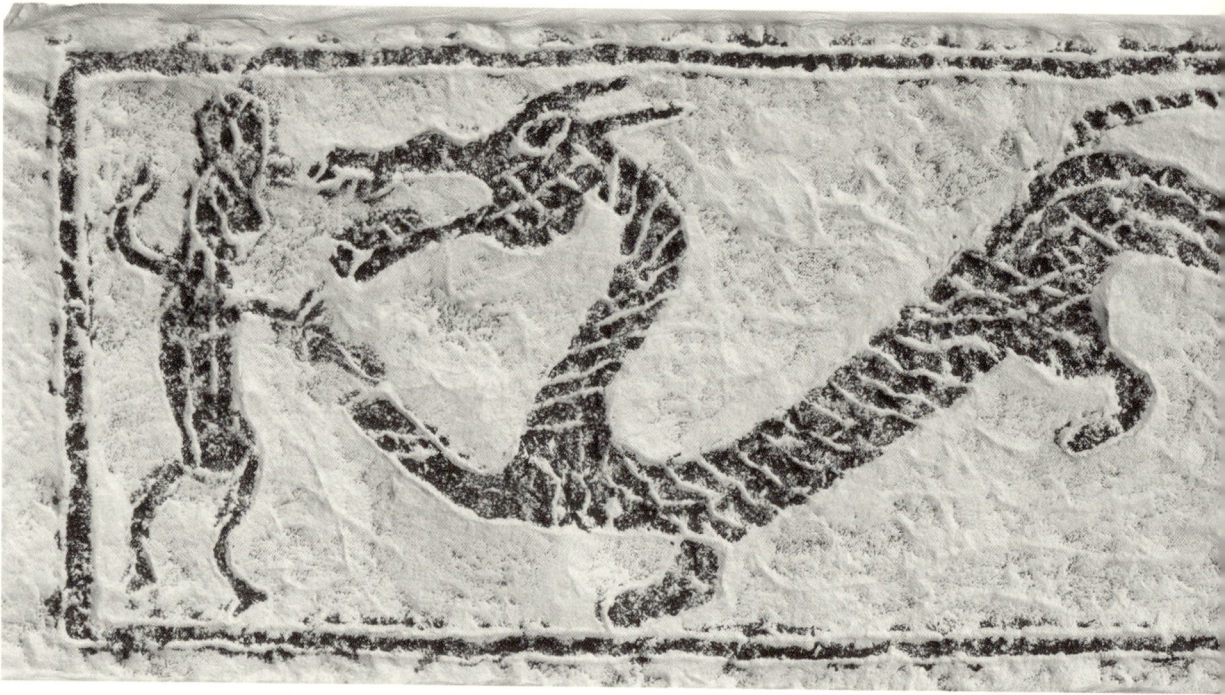

SD-JZ-015-01 (1)拓片

SD-JZ-015-01 (1)线描

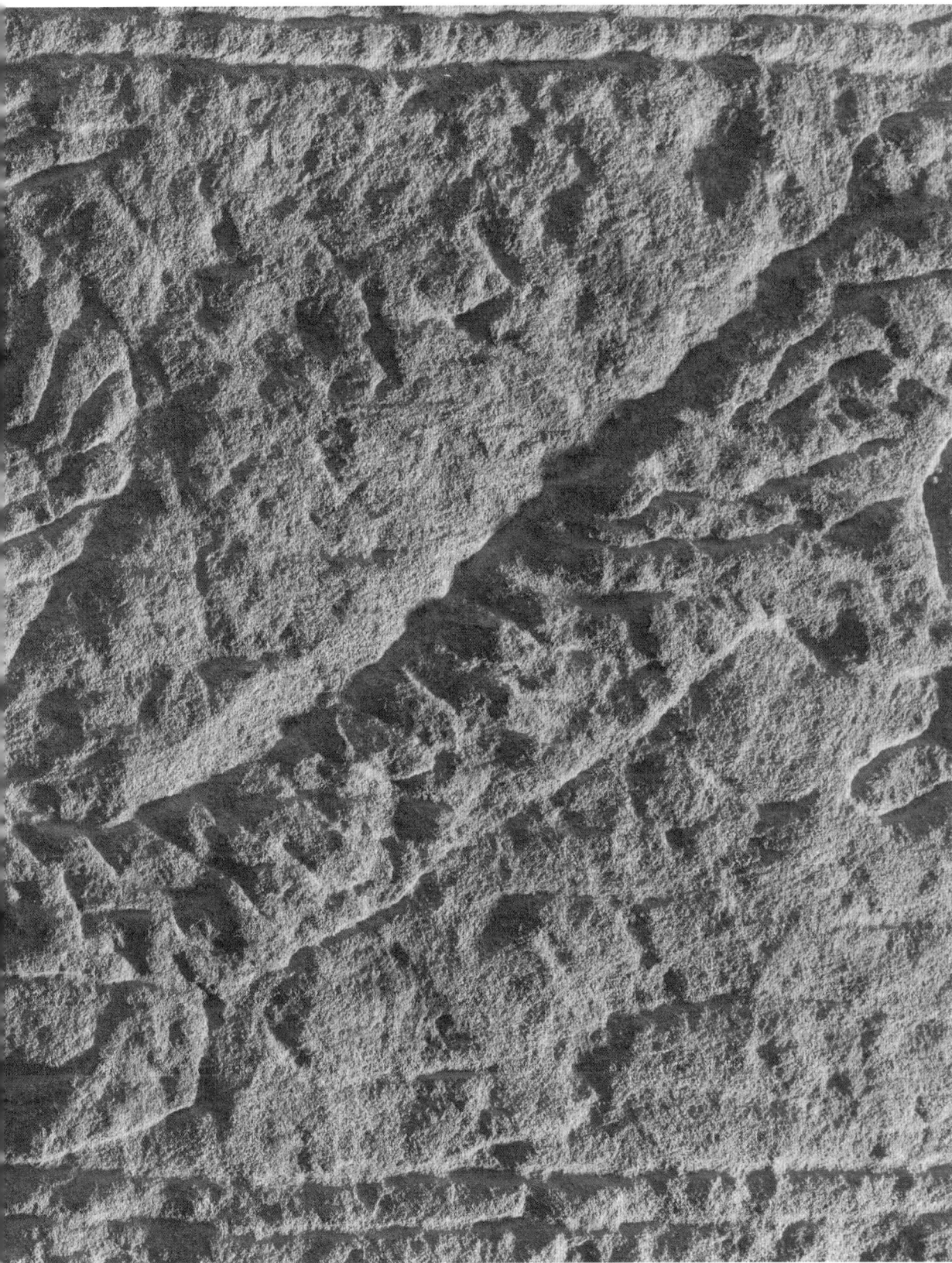

SD-JZ-015-01 (1) 原石局部

编号	SD-JZ-015-01（2）
时代	东汉
出土/征集地	莒县小店镇窝疃村 M1
出土/征集时间	2020 年清理
原石尺寸	41 × 120 × 34
质地	石灰石
原石情况	原石呈长方形，基本完整。
组合关系	
画面简述	此图为浅浮雕。画面左侧一龙，长尾卷扬，左向奔走；其头部下方一鸟首（？）；龙背部上方一鸟，左向而立；龙尾部下方一鱼；画面右侧一兽（鹿？），俯首下行；画面右、下方空白处填刻双层连弧纹补白。画面上、左、下三边有框。
著录与文献	
收藏单位	莒州博物馆

SD-JZ-015-01 (2)拓片

SD-JZ-015-01 (2)线描

SD-JZ-015-01 (2)原石局部

编号	SD-JZ-015-01（3）
时代	东汉
出土/征集地	莒县小店镇窝疃村M1
出土/征集时间	2020年清理
原石尺寸	120×34×41
质地	石灰石
原石情况	原石呈长方形，基本完整。
组合关系	
画面简述	此图为浅浮雕结合阴线刻。画面中部题刻文字，题记为隶书，共三行。首行二十五字，中行二十六字，末行十五字，共六十六字，部分文字漫漶，兹录如下："和平二年正月廿四日，具里陈季高起作万世石户，内柱□克画□日鹿宫宅楼，车马虎龙人倡乐，百鸟禽之像皆不防，其主迎饮于寓□（内），后世慈孝子孙，阳遂富贵无央（殃）各（咎）"；题刻上方一四瓣花纹（柿蒂纹），左右填刻双层菱形纹补白。画面上、左、右三边有框。
著录与文献	刘云涛：《山东莒县和平二年画像石题记》，《中国书法》2021年第3期，第209页。
收藏单位	莒州博物馆

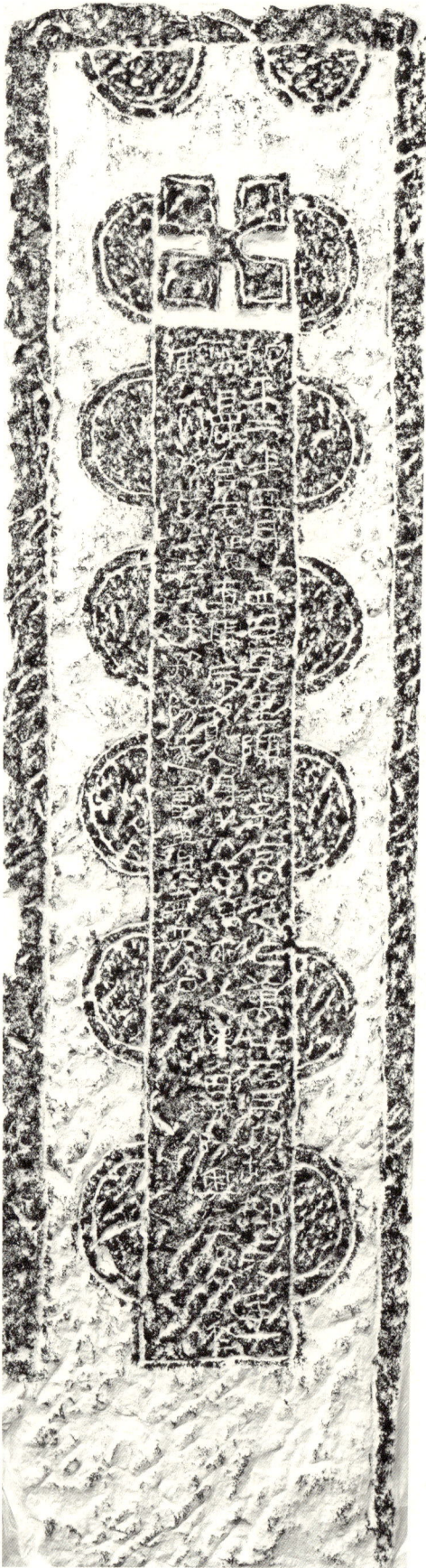

SD-JZ-015-01 (3) 拓片

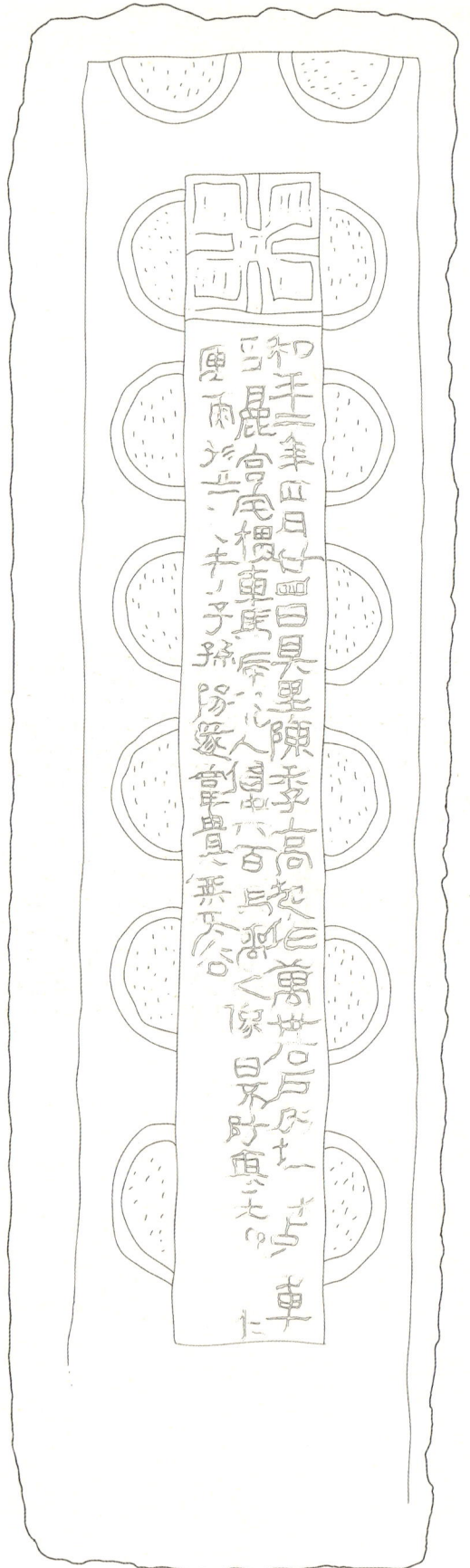

SD-JZ-015-01 (3) 线描

SD-JZ-015-01 (3) 局部

SD-JZ-015-01 (3) 局部

编号	SD-JZ-015-02 (1)
时代	东汉
出土/征集地	莒县小店镇窝疃村 M1
出土/征集时间	2020 年清理
原石尺寸	121×40×32
质地	石灰石
原石情况	原石呈长方形，基本完整，左侧有建筑结构。
组合关系	
画面简述	此图为浅浮雕。画面上方一人，戴冠，着及足长袍，一手持便面，腰间佩绶悬剑；其下一人，戴网状武弁，着及足长袍，执彗，面左而立。
著录与文献	
收藏单位	莒州博物馆

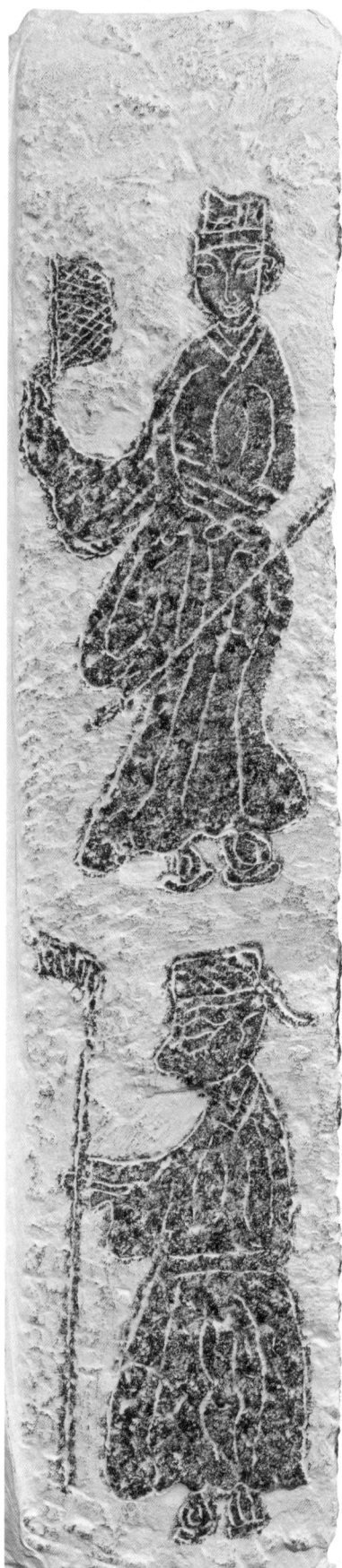

SD-JZ-015-02 (1)拓片　　　　　　　　SD-JZ-015-02 (1)线描

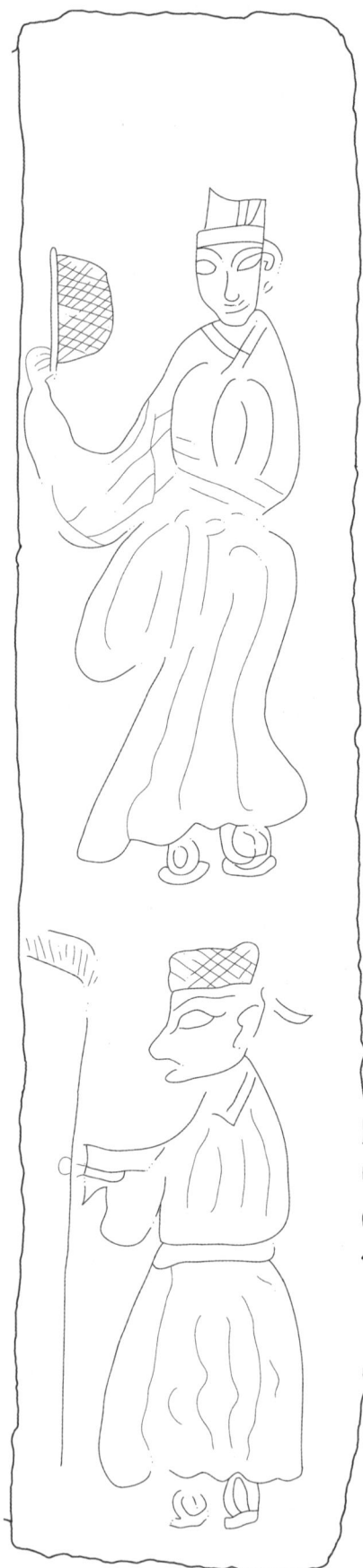

SD-JZ-015-02 (1)局部（与原石等大）

SD-JZ-015-02 (1) 局部（与原石等大）

SD-JZ-015-02 (1)局部（与原石等大）

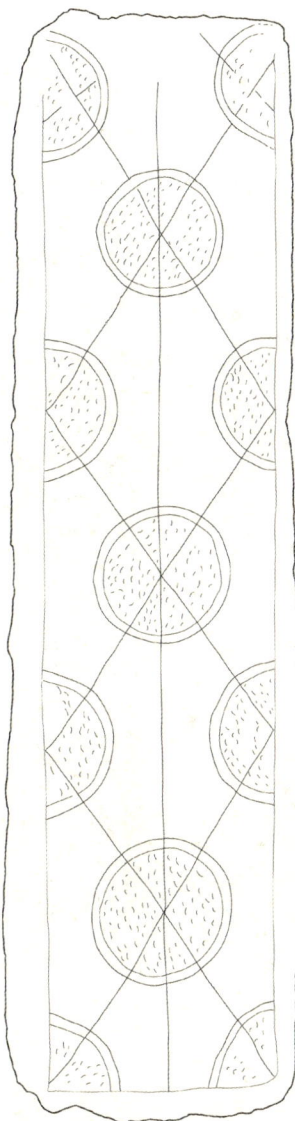

编号	SD-JZ-015-02 (2)
时代	东汉
出土/征集地	莒县小店镇窝疃村 M1
出土/征集时间	2020 年清理
原石尺寸	121×32×40
质地	石灰石
原石情况	原石呈长方形，基本完整。
组合关系	
画面简述	此图为浅浮雕。画面填刻十字穿环纹。画面左、右、下三边有框。
著录与文献	
收藏单位	莒州博物馆

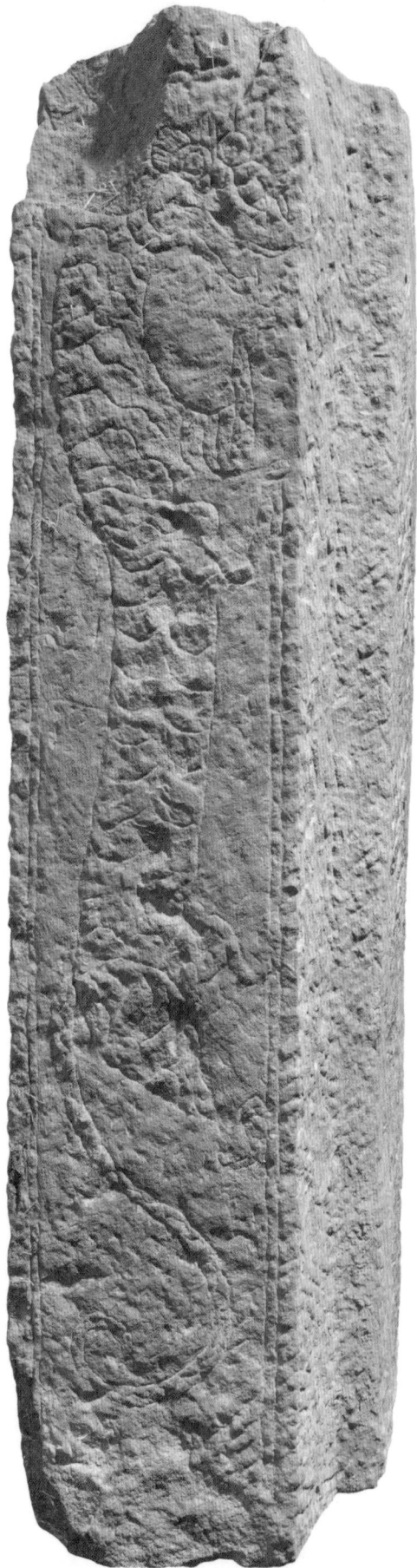

编号	SD-JZ-015-02 (3)
时代	东汉
出土/征集地	莒县小店镇窝疃村 M1
出土/征集时间	2020 年清理
原石尺寸	121×32×40
质地	石灰石
原石情况	原石呈长方形，上端略残，右侧有建筑结构。
组合关系	
画面简述	此图为浅浮雕。画面为一虎，短耳环眼，张口露齿，肩生羽翼，长尾卷扬。画面上、左、右三边有框。
著录与文献	
收藏单位	莒州博物馆

SD-JZ-015-02 (3) 拓片

SD-JZ-015-02 (3)线描

SD-JZ-015-02 (3) 原石局部

编号	SD-JZ-015-03（1）
时代	东汉
出土/征集地	莒县小店镇窝疃村 M1
出土/征集时间	2020 年清理
原石尺寸	21×79×23
质地	石灰石
原石情况	原石呈长方形，基本完整。
组合关系	
画面简述	此图为浅浮雕。画面左侧一小兽（？），身体蜷缩呈"C"形；其后一虎，长尾卷扬，张口似咬左侧小兽；画面四周空白处填刻双层连弧纹补白。画面上、下、左三边有框，左侧框外原石残损，仅余一半圆形。
著录与文献	
收藏单位	莒州博物馆

SD-JZ-015-03 (1)拓片

SD-JZ-015-03 (1)线描

编号	SD-JZ-015-03 (2)
时代	东汉
出土/征集地	莒县小店镇窝疃村 M1
出土/征集时间	2020 年清理
原石尺寸	23×79×21
质地	石灰石
原石情况	原石呈长方形，基本完整。
组合关系	
画面简述	此图为浅浮雕。画面左下一兔；其后一虎，短耳环眼，长尾卷扬，张口似咬左侧兔。画面上、下、左三边有框。
著录与文献	
收藏单位	莒州博物馆

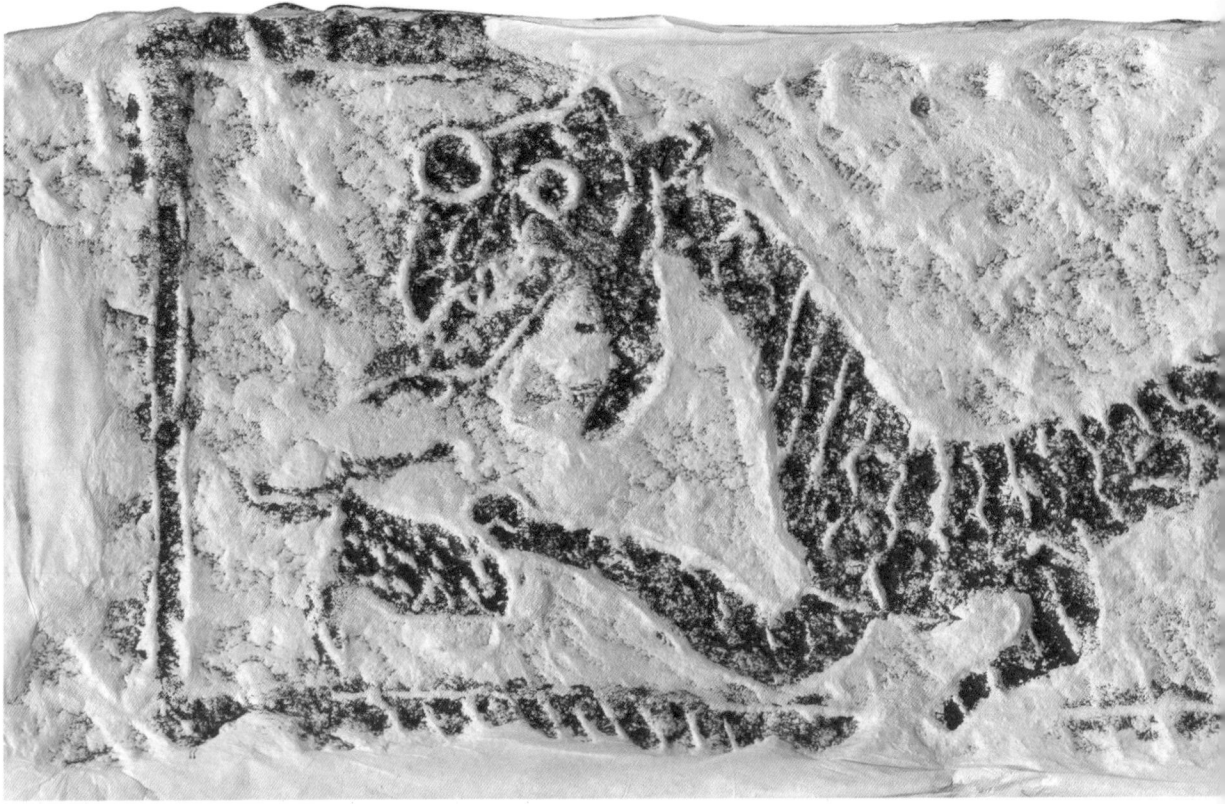

SD-JZ-015-03 (2)拓片

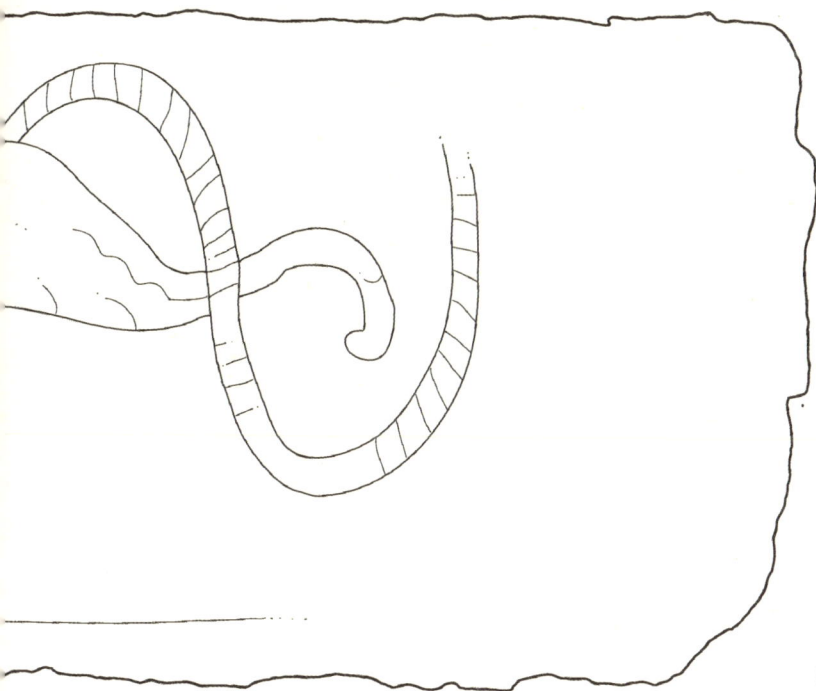

SD-JZ-015-03 (2)线描

编号	SD-JZ-015-04（1）
时代	东汉
出土/征集地	莒县小店镇窝疃村 M1
出土/征集时间	2020 年清理
原石尺寸	25×81×22
质地	石灰石
原石情况	原石呈长方形，右上角及右下角皆残。
组合关系	
画面简述	此图为浅浮雕。画面为一龙，左向奔走；龙身上方一鱼左行。画面上、下边有框。
著录与文献	莒州博物馆
收藏单位	

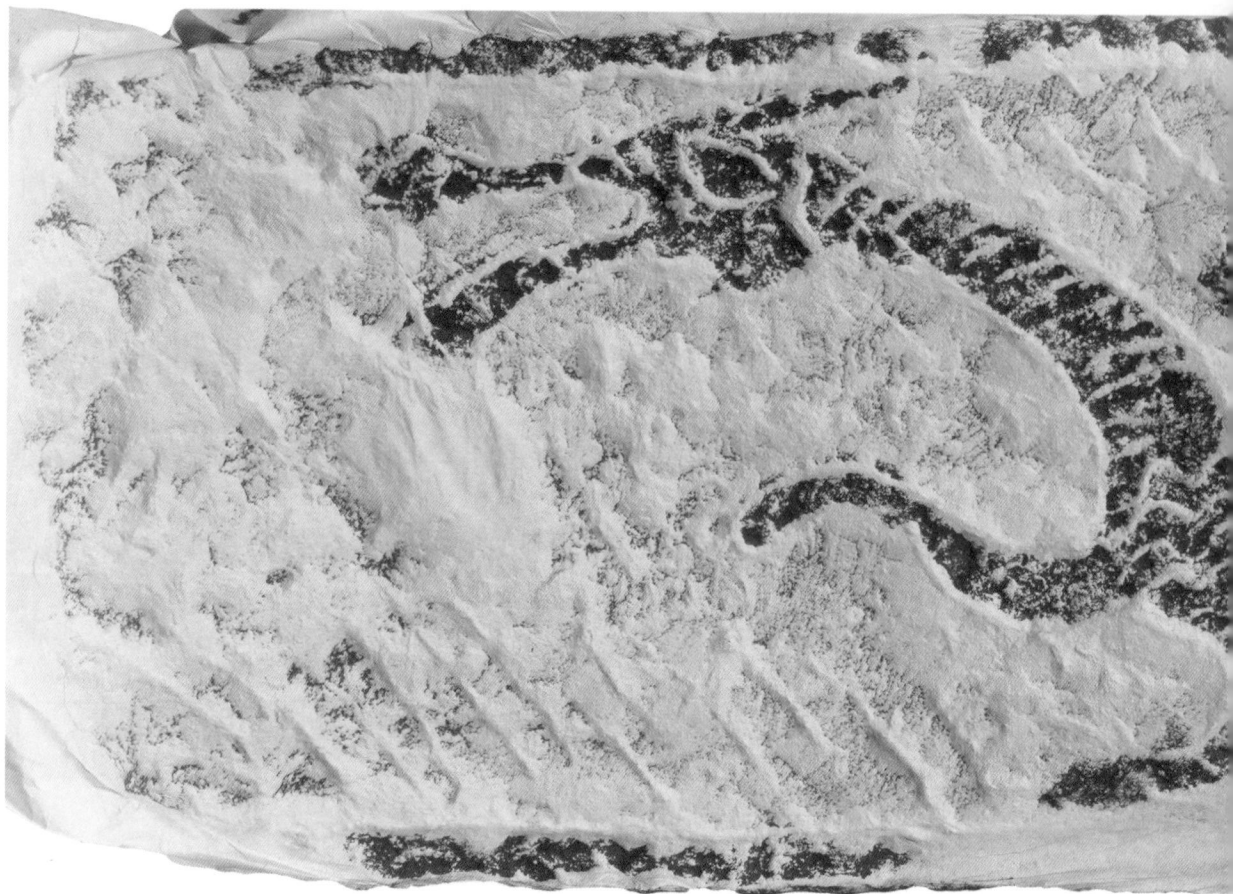

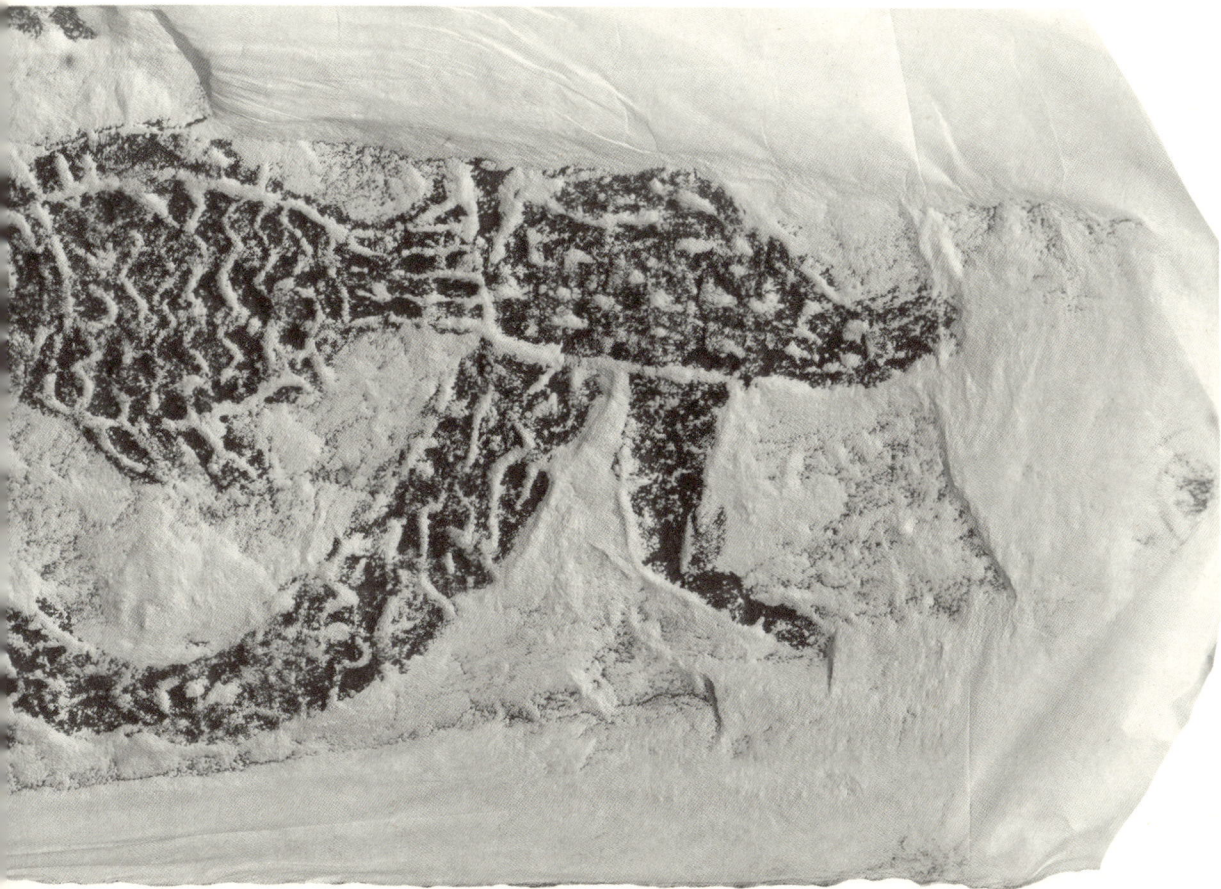

SD-JZ-015-04 (1)拓片

SD-JZ-015-04 (1)线描

编号	SD-JZ-015-04 (2)
时代	东汉
出土/征集地	莒县小店镇窝疃村 M1
出土/征集时间	2020 年清理
原石尺寸	22×81×25
质地	石灰石
原石情况	原石呈长方形，左上侧略残。
组合关系	
画面简述	此图为浅浮雕。画面为一龙，左向奔走；画面上、下方空白处填刻双层连弧纹补白。画面上、下、右三边有框。
著录与文献	
收藏单位	莒州博物馆

SD-JZ-015-04 (2)拓片

SD-JZ-015-04 (2)线描

编号	SD-JZ-015-05 (1)
时代	东汉
出土/征集地	莒县小店镇窝疃村 M1
出土/征集时间	2020 年清理
原石尺寸	87×21×27
质地	石灰石
原石情况	原石呈长方形，上边略残。
组合关系	
画面简述	此图为浅浮雕。画面填刻菱形纹及线纹。四周有框。
著录与文献	
收藏单位	莒州博物馆

编号	SD-JZ-015-05 (2)
时代	东汉
出土/征集地	莒县小店镇窝疃村 M1
出土/征集时间	2020 年清理
原石尺寸	87×27×21
质地	石灰石
原石情况	原石呈长方形，基本完整。
组合关系	
画面简述	此图为浅浮雕。画面填刻菱形纹及线纹。四周有框。
著录与文献	
收藏单位	莒州博物馆

编号	SD-JZ-015-06 (1)
时代	东汉
出土/征集地	莒县小店镇窝疃村 M1
出土/征集时间	2020 年清理
原石尺寸	36×118×38
质地	石灰石
原石情况	原石呈长方形，左下角略残。
组合关系	
画面简述	此图为浅浮雕。画面为一虎，张口衔一小兽，俯首左行；画面下方空白处填刻双层菱形纹补白。画面四周有框。
著录与文献	
收藏单位	莒州博物馆

SD-JZ-015-06 (1)拓片

SD-JZ-015-06 (1)线描

SD-JZ-015-06 (1) 局部（与原石等大）

编号	SD-JZ-015-06 (2)
时代	东汉
出土/征集地	莒县小店镇窝疃村 M1
出土/征集时间	2020 年清理
原石尺寸	38 × 118 × 36
质地	石灰石
原石情况	原石呈长方形，右上角略残。
组合关系	
画面简述	此图为浅浮雕。画面左侧一龙，张口露齿，长尾卷扬，左向奔走；其背部上方一圆环，环内一小兽（？）；龙右下方一鱼右行；其右一兽（马），其背上一人，左向奔走；画面四周空白处填刻双层连弧纹补白。画面上、下、左三边有框。
著录与文献	
收藏单位	莒州博物馆

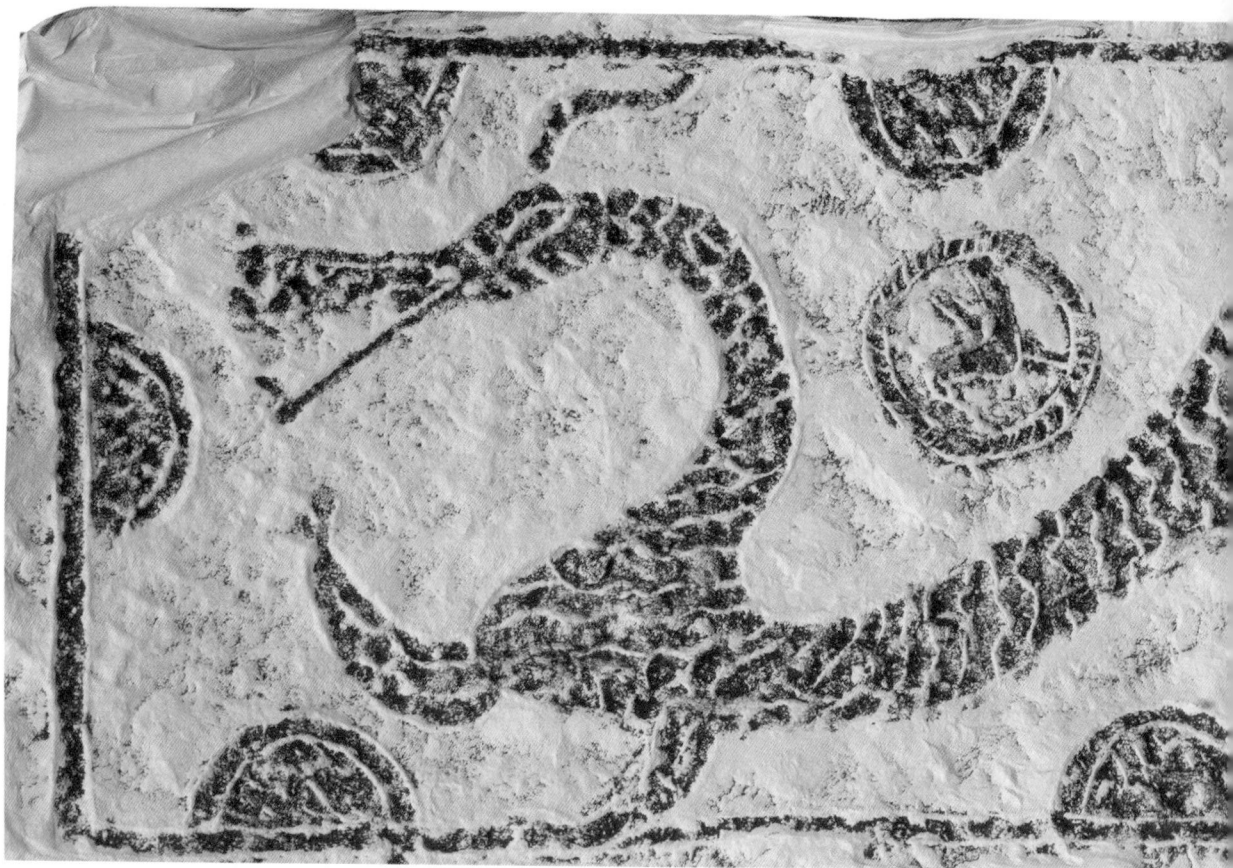

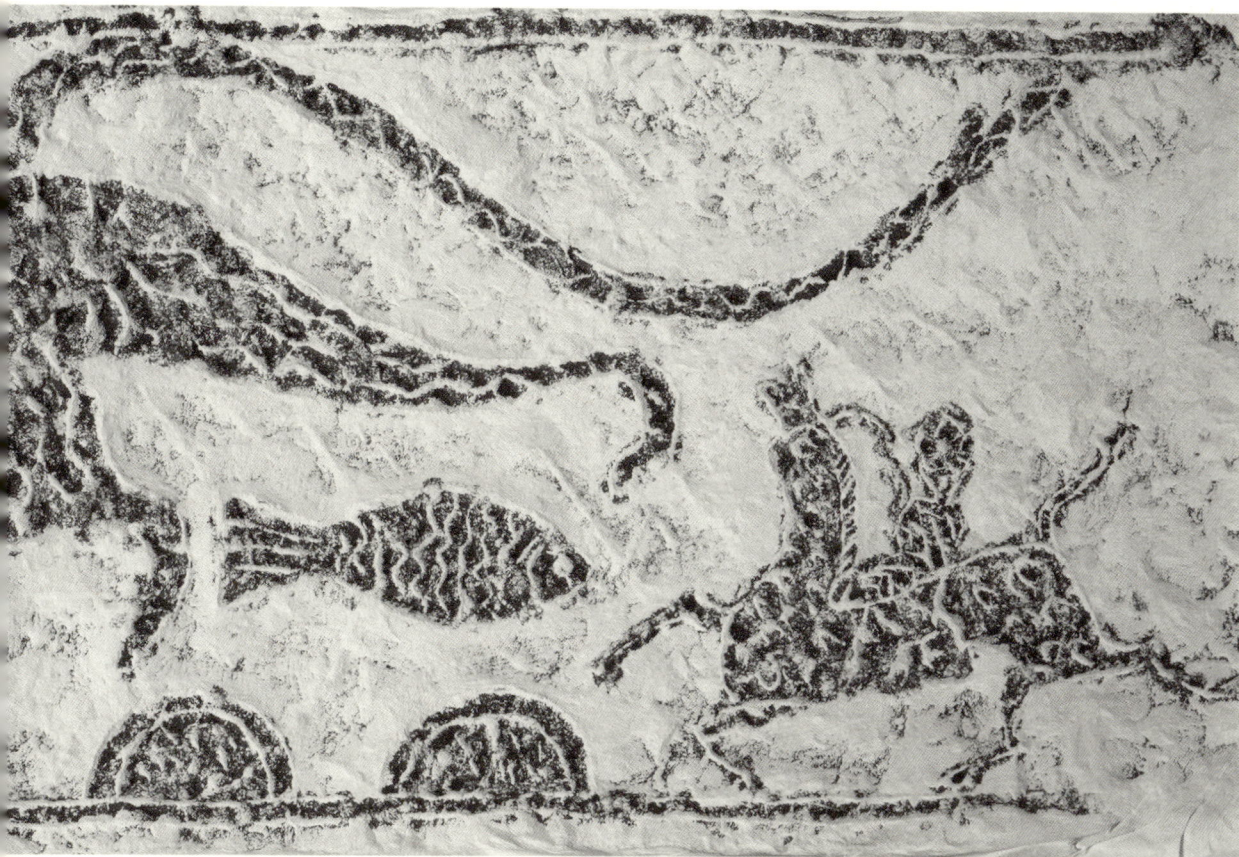

SD-JZ-015-06 (2)拓片

SD-JZ-015-06 (2)线描

编号	SD-JZ-015-07 (1)
时代	东汉
出土/征集地	莒县小店镇窝疃村 M1
出土/征集时间	2020 年清理
原石尺寸	39×121×38
质地	石灰石
原石情况	原石呈长方形，左上角略残。
组合关系	
画面简述	此图为浅浮雕。画面左侧一龙，长尾卷扬，反身右向回首；其后一虎，张口露齿，身披斑纹，左向奔走；画面上、下方空白处填刻双层连弧纹补白。画面上、下、左三边有框。
著录与文献	
收藏单位	莒州博物馆

SD-JZ-015-07 (1)局部（与原石等大）

SD-JZ-015-07 (1)局部（与原石等大）

编号	SD-JZ-015-07 (2)
时代	东汉
出土/征集地	莒县小店镇窝疃村 M1
出土/征集时间	2020 年清理
原石尺寸	38×121×39
质地	石灰石
原石情况	原石呈长方形，左上、左下角略残。
组合关系	
画面简述	此图为浅浮雕。画面左侧一虎，右侧一龙，皆长尾卷扬，左向奔走。画面上、下、左三边有框。
著录与文献	莒州博物馆
收藏单位	

SD-JZ-015-07 (2)拓片

SD-JZ-015-07 (2)线描

SD-JZ-015-07 (2)局部（与原石等大）

编号	SD-JZ-015-08
时代	东汉
出土/征集地	莒县小店镇窝疃村M1
出土/征集时间	2020年清理
原石尺寸	25×120×31
质地	石灰石
原石情况	原石呈长方形，基本完整。
组合关系	
画面简述	此图为浅浮雕。画面左侧一羽人（？），右侧一虎，肩生羽翼，环眼张口，长尾卷扬，一说为羽人饲虎；画面上、下方空白处填刻双层连弧纹补白。画面四周有框。
著录与文献	
收藏单位	莒州博物馆

SD-JZ-015-08拓片

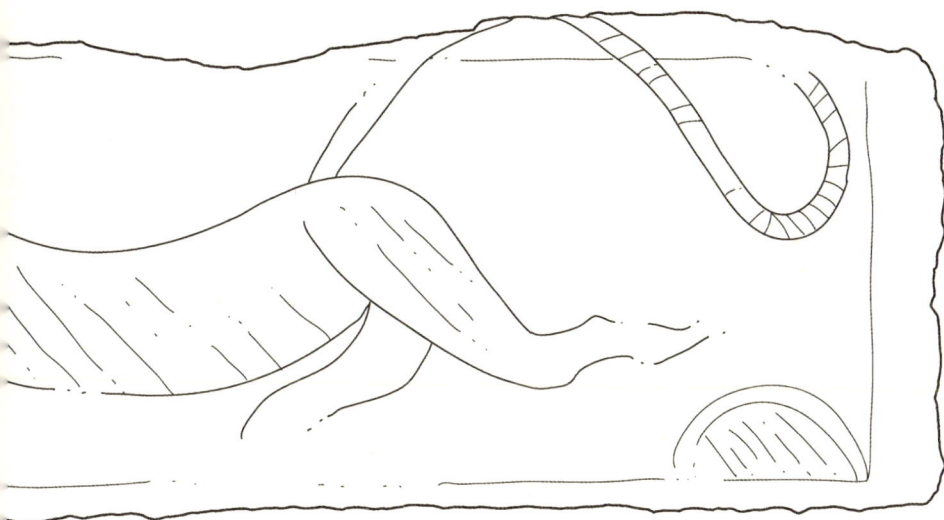

SD-JZ-015-08线描

SD-JZ-015-08拓片局部

编号	SD-JZ-015-09 (1)
时代	东汉
出土/征集地	莒县小店镇窝疃村 M1
出土/征集时间	2020 年清理
原石尺寸	22×104×26.5
质地	石灰石
原石情况	原石呈长方形，上边略残。
组合关系	
画面简述	此图为浅浮雕。画面为二兽（二龙）相搏（相戏）；画面上方空白处填刻双层连弧纹补白。画面上、左、右三边有框。
著录与文献	
收藏单位	莒州博物馆

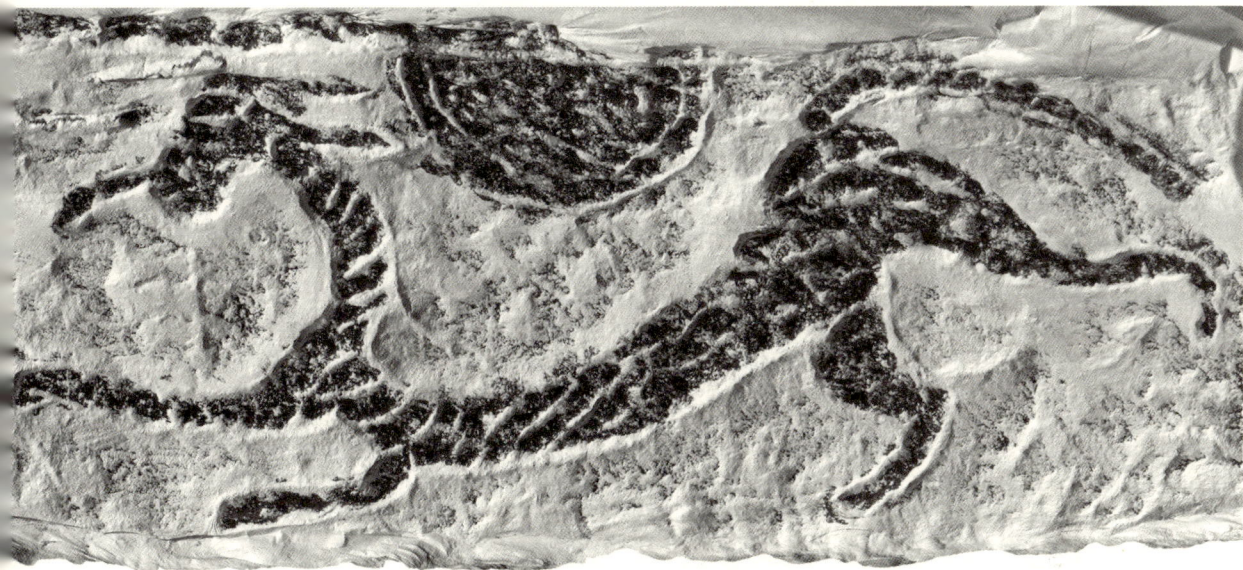

SD-JZ-015-09 (1)拓片

SD-JZ-015-09 (1)线描

编号	SD-JZ-015-09 (2)
时代	东汉
出土/征集地	莒县小店镇窝疃村M1
出土/征集时间	2020年清理
原石尺寸	104×26.5×22
质地	石灰石
原石情况	原石呈长方形，基本完整。
组合关系	
画面简述	此图为浅浮雕。画面残损，仅存一形象局部（一说为一兽）。
著录与文献	
收藏单位	莒州博物馆

编号	SD-JZ-015-10 (1)
时代	东汉
出土/征集地	莒县小店镇窝疃村 M1
出土/征集时间	2020 年清理
原石尺寸	119×46×40
质地	石灰石
原石情况	原石呈长方形，下侧略残。
组合关系	
画面简述	此图为浅浮雕。画面上方二人，各持一竿状物（戟?），相对技击；其下左侧一小兽，回首右望；其后一兽，背上一人，左向奔走；再下一龙，环眼张口，长尾卷扬，亦左向奔走；再下左侧一神怪（？），右向躬身而立；其右一人（神怪），双手上举，跨步而立。画面上、左、右三边可见框。
著录与文献	
收藏单位	莒州博物馆

SD-JZ-015-10 (1) 拓片

SD-JZ-015-10 (1)线描

SD-JZ-015-10 (1)局部（与原石等大）

SD-JZ-015-10 (2)局部（与原石等大）

SD-JZ-015-10 (2)局部（与原石等大）

编号	SD-JZ-015-10 (3)
时代	东汉
出土/征集地	莒县小店镇窝疃村 M1
出土/征集时间	2020 年清理
原石尺寸	119×46×40
质地	石灰石
原石情况	原石呈长方形，右下角略残。
组合关系	
画面简述	此图为浅浮雕。画面右上方一虎，面左，与左侧一小兽相搏（相戏），小兽下方另有一兽（鸟?）；其下一三头人首兽身神怪（?），长颈，肩生羽翼，左向奔走；再下一人（?），短发露齿，着衣，一手上举，一手向下弯曲。画面上、左、右三边可见框。
著录与文献	
收藏单位	莒州博物馆

SD-JZ-015-10 (3)拓片

SD-JZ-015-10 (3) 线描

SD-JZ-015-10 (3) 局部（与原石等大）

SD-JZ-015-10 (3)局部（与原石等大）

编号	SD-JZ-015-10（4）
时代	东汉
出土/征集地	莒县小店镇窝疃村 M1
出土/征集时间	2020 年清理
原石尺寸	119×40×46
质地	石灰石
原石情况	原石呈长方形，基本完整。
组合关系	
画面简述	此图为浅浮雕。画面上方为二半人半龙神，居左者梳髻（？），一说为女娲，右者戴冠，一说为伏羲；其下一龙，长尾卷曲。
著录与文献	
收藏单位	莒州博物馆

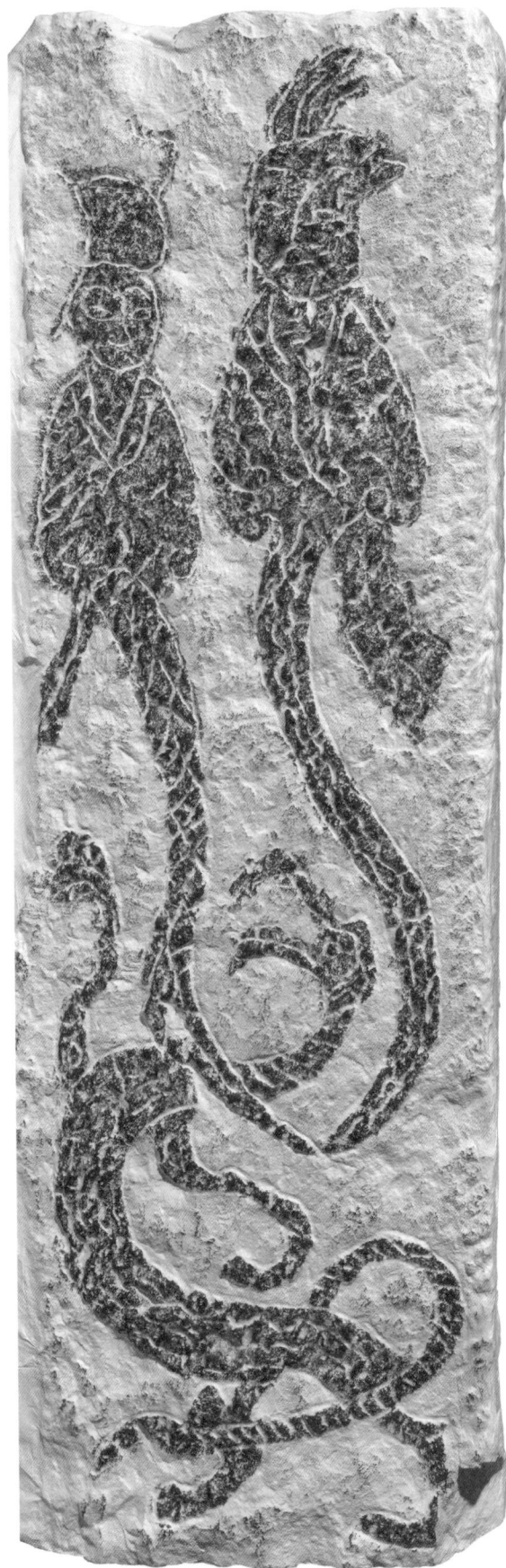

SD-JZ-015-10 (4) 拓片

SD-JZ-015-10 (4)线描

SD-JZ-015-10 (4)局部（与原石等大）

SD-JZ-015-10 (4) 局部（与原石等大）

编号	SD-JZ-016-01 (1)
时代	东汉
出土/征集地	莒县小店镇窝疃村 M2
出土/征集时间	2020 年清理
原石尺寸	40×190×45
质地	石灰石
原石情况	原石呈长方形，上边残损，下部有建筑结构。
组合关系	门楣
画面简述	此图为浅浮雕。画面左侧二龙相对，二龙皆张口露齿，长尾卷扬，二龙间一铺首，环眼露齿；其右一兽。画面左、右、下三边可见框，右侧框外一鱼上行。
著录与文献	
收藏单位	莒州博物馆

SD-JZ-016-01 (1)拓片

SD-JZ-016-01 (1)线描

SD-JZ-016-01 (1)局部（与原石等大）

SD-JZ-016-01 (1)局部（与原石等大）

编号	SD-JZ-016-01 (2)
时代	东汉
出土/征集地	莒县小店镇窝疃村 M2
出土/征集时间	2020 年清理
原石尺寸	40×190×45
质地	石灰石
原石情况	原石呈长方形,上边残损,下部有建筑结构。
组合关系	门楣
画面简述	此图为浅浮雕。画面主题为六人物,左侧二人,皆着曳地长袍,正面而立,其中第一人身后有飘带(?),二人间一案,案上有四圆形物(一说为食物),第二人右侧一盘(?),内盛圆形物(食物),下方一樽,樽内一勺;其右四人皆着长袍,正面跪坐,第一与第二人间、第三与第四人间各置一盘(碗?)及一高足盘(?),盘内皆盛圆形物(食物);第二与第三人间一物不明;画面上方及左侧空白处填刻双层连弧纹补白。画面左、右、下三边可见框。
著录与文献	
收藏单位	莒州博物馆

SD-JZ-016-01 (2)拓片

SD-JZ-016-01 (2)线描

SD-JZ-016-01 (2) 局部（与原石等大）

SD-JZ-016-01 (2)局部（与原石等大）

编号	SD-JZ-016-02（1）
时代	东汉
出土/征集地	莒县小店镇窝疃村 M2
出土/征集时间	2020 年清理
原石尺寸	120×31×43
质地	石灰石
原石情况	原石呈长方形，左侧略残，右侧有建筑结构。
组合关系	
画面简述	此图为阴线刻。画面为一半人半龙神（一说为伏羲或女娲，一说为常羲或羲和）；四周填刻云气纹（或飘带）补白。画面上、左、右三边有框。
著录与文献	
收藏单位	莒州博物馆

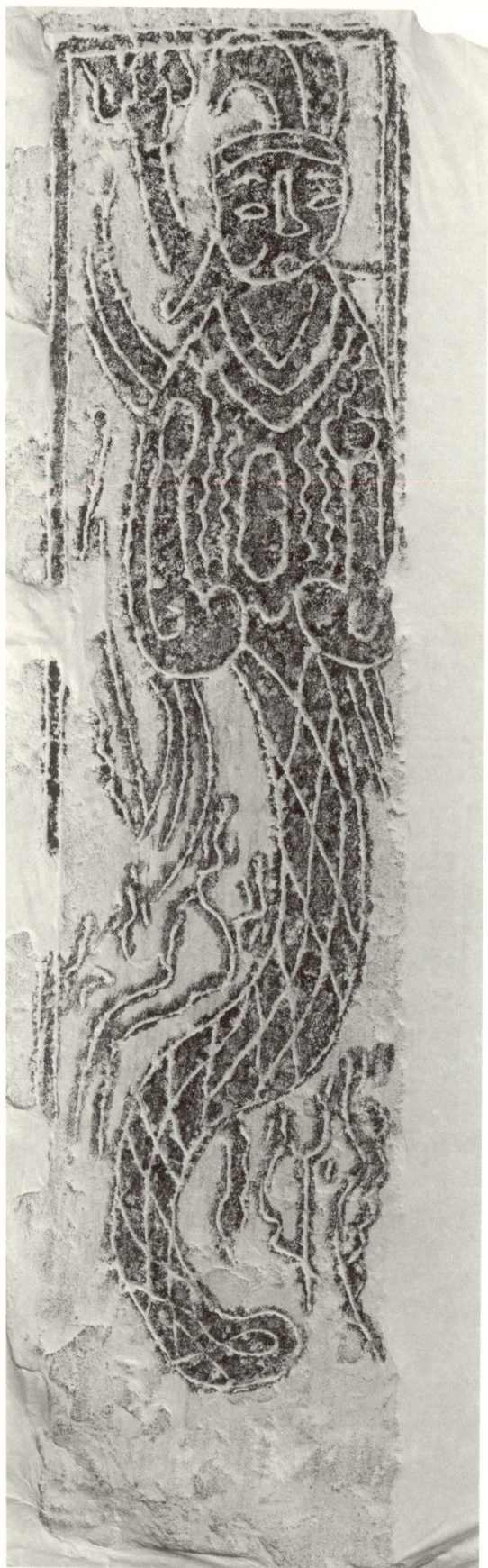

SD-JZ-016-02 (1) 拓片

SD-JZ-016-02 (1) 线描

SD-JZ-016-02 (1)原石局部

编号	SD-JZ-016-02 (2)
时代	东汉
出土/征集地	莒县小店镇窝疃村 M2
出土/征集时间	2020年清理
原石尺寸	120×43×31
质地	石灰石
原石情况	原石呈长方形，右侧略残，左侧有建筑结构。
组合关系	
画面简述	此图为浅浮雕。画面填刻菱形纹及线纹。四周有框。
著录与文献	
收藏单位	莒州博物馆

编号	SD-JZ-016-03（1）
时代	东汉
出土/征集地	莒县小店镇窝疃村 M2
出土/征集时间	2020 年清理
原石尺寸	123×38×35
质地	石灰石
原石情况	原石呈长方形，上边略残，左侧有建筑结构。
组合关系	
画面简述	此图为浅浮雕。画面为一半人半龙神（一说为常羲或羲和），身后有飘带（？），手捧一圆形物（一说为日轮或月轮）；其身下右侧一兽首（云气？）。画面上、左、右三边可见框。
著录与文献	
收藏单位	莒州博物馆

SD-JZ-016-03 (1) 拓片

SD-JZ-016-03 (1) 线描

编号	SD-JZ-016-03 (2)
时代	东汉
出土/征集地	莒县小店镇窝疃村 M2
出土/征集时间	2020 年清理
原石尺寸	123×35×38
质地	石灰石
原石情况	原石呈长方形，基本完整，左侧有建筑结构。
组合关系	
画面简述	此图为浅浮雕。画面填刻菱形纹及线纹。四周有框。
著录与文献	
收藏单位	莒州博物馆